Wie einst Lili Marleen

DAS LEBEN DER **LALE ANDERSEN**

*Vor der Kaserne
vor dem großen Tor
stand eine Laterne,
und steht sie noch davor,
so wolln wir uns da wiedersehn,
bei der Laterne wolln wir stehn,
wie einst, Lili Marleen.*

*Unsere beiden Schatten
sahn wie einer aus.
Daß wir so lieb uns hatten,
das sah man gleich daraus.
Und alle Leute solln es sehn,
wenn wir bei der Laterne stehn,
wie einst, Lili Marleen.*

*Schon rief der Posten,
sie blasen Zapfenstreich,
es kann drei Tage kosten,
Kamerad, ich komm ja gleich.
Da sagten wir auf Wiedersehn,
wie gerne wollt ich mit dir gehen,
mit dir, Lili Marleen.*

*Deine Schritte kennt sie,
deinen zieren Gang,
alle Abend brennt sie,
mich vergaß sie lang.
Und sollte mir ein Leids geschehn,
wer wird bei der Laterne stehn.
Mit dir, Lili Marleen?*

*Aus dem stillen Raume,
aus der Erde Grund
hebt mich wie im Traume
dein verliebter Mund.
Wenn sich die späten Nebel drehn
werd ich bei der Laterne stehn
wie einst, Lili Marleen.*

*Vor der Kaserne
vor dem großen Tor
stand eine Laterne,
und steht sie noch davor,
so wolln wir uns da wiedersehn,
bei der Laterne wolln wir stehn,
wie einst, Lili Marleen.*

*Unsere beiden Schatten
sahn wie einer aus.
Daß wir so lieb uns hatten,
das sah man gleich daraus.
Und alle Leute solln es sehn,
wenn wir bei der Laterne stehn,
wie einst, Lili Marleen.*

*Schon rief der Posten,
sie blasen Zapfenstreich,
es kann drei Tage kosten,
Kamerad, ich komm ja gleich.
Da sagten wir auf Wiedersehn,
wie gerne wollt ich mit dir gehen,
mit dir, Lili Marleen.*

*Deine Schritte kennt sie,
deinen zieren Gang,
alle Abend brennt sie,
mich vergaß sie lang.
Und sollte mir ein Leids geschehn,
wer wird bei der Laterne stehn.
Mit dir, Lili Marleen?*

*Aus dem stillen Raume,
aus der Erde Grund
hebt mich wie im Traume
dein verliebter Mund.
Wenn sich die späten Nebel drehn
werd ich bei der Laterne stehn
wie einst, Lili Marleen.*

*Vor der Kaserne
vor dem großen Tor
stand eine Laterne,
und steht sie noch davor,
so wolln wir uns da wiedersehn,
bei der Laterne wolln wir stehn,
wie einst, Lili Marleen.*

*Unsere beiden Schatten
sahn wie einer aus.
Daß wir so lieb uns hatten,
das sah man gleich daraus.
Und alle Leute solln es sehn,
wenn wir bei der Laterne stehn,
wie einst, Lili Marleen.*

*Schon rief der Posten,
sie blasen Zapfenstreich,
es kann drei Tage kosten,
Kamerad, ich komm ja gleich.
Da sagten wir auf Wiedersehn,
wie gerne wollt ich mit dir gehen,
mit dir, Lili Marleen.*

*Deine Schritte kennt sie,
deinen zieren Gang,
alle Abend brennt sie,
mich vergaß sie lang.
Und sollte mir ein Leids geschehn,
wer wird bei der Laterne stehn.
Mit dir, Lili Marleen?*

*Aus dem stillen Raume,
aus der Erde Grund
hebt mich wie im Traume
dein verliebter Mund.
Wenn sich die späten Nebel drehn
werd ich bei der Laterne stehn
wie einst, Lili Marleen.*

Abb. 1
Lale Andersen, Porträt von Georg Hillmann,
Langeoog 1966 (Ölbild farbig, 164 x 110 cm).

Gisela Lehrke

Wie einst Lili Marleen

DAS LEBEN DER **LALE ANDERSEN**

Henschel

Sie können uns 24 Stunden am Tag erreichen unter:
http://www.dornier-verlage.de
http://www.henschel-verlag.de

Die Autorin dankt der Städtischen Sparkasse Bremerhaven
für die finanzielle Unterstützung ihrer Forschungsarbeit.

Städtische Sparkasse Bremerhaven SSK

Die Deutsche Bibliothek – CIP-Einheitsaufnahme
Ein Titeldatensatz für diese Publikation ist bei
Der Deutschen Bibliothek
erhältlich.
ISBN 3-89487-429-5

Die Schreibweise entspricht den Regeln der neuen Rechtschreibung.

Umschlaggestaltung: Mediabureau Di Stefano, Berlin
Titelbild: Bruno Bernard
Gestaltung: Maja Kluy, Berlin
Druck und Bindung: Westermann Druck Zwickau
Printed in Germany

Gedruckt auf alterungsbeständigem Papier mit chlorfrei gebleichtem
Zellstoff

Inhalt

Allen Frauen,
die den Mut haben,
ihren eigenen Weg zu gehen.

Warum hast Du mich wachgeküsst?
Hab' nicht gewusst, was Liebe ist,
mein Herz war leicht wie Laub im Wind,
ich war kein Weib, ich war ein Kind.

Aus: *Friederike*, Singspiel von Ludwig Herzer und Fritz Löhner, Musik Franz Lehár

Kapitel 1 1905–1929

Lehe – Bremerhaven – Bremen

Kindheit und Jugend, Ehefrau und Mutter

Liese-Lotte, Helene, Berta – das sind Vornamen, von denen allenfalls Helene eine Aura verspricht; Liese und Lotte heißen Kühe und Pferde, Berta ist plump und bäurisch, der Name einer drallen Magd. Liese-Lotte Bunnenberg ist zwar schwer zu artikulieren und mit sieben Silben viel zu lang, doch letztlich nicht schlechter oder besser als die meisten anderen Namen. Ein Weltstar kann man damit jedoch nicht werden, dafür muss man sich schon Lale Andersen nennen.

»What's in a name?« fragt Shakespeare. Alles? Hätte Wolfgang Amadeus Mozart auch Fred Sülzenfuß heißen können? Oder man stelle sich vor, Josef und Maria hätten ihren Sohn Rudi genannt. Was wäre wohl aus dem Christentum geworden? Nichts. That's in a name.

Doch bevor aus Liese-Lotte Lale wird, vergehen noch 30 Jahre. Sicher ist aber, dass sie nie Carlotta, Helena, Eulalia geheißen hat. Auch gab es keinen dänischen Familienzweig Andersen, sie ist weder in Oslo aufgewachsen, noch war sie Norwegerin. Sie schrieb sich sehr früh Liselotte, dann hieß sie in ihrer ersten Ehe Wilke und nannte sich Liselott Wilke, später Liselott Wilke-Andersen und Lale Wilke, zu guter Letzt Lale Andersen. Als Liedtexterin benutzte sie die Pseudonyme Nicola Wilke sowie Krohn oder Crohn. 1949 steht in ihrem Schweizer Pass ihr veränderter Vorname und der bürgerliche Name ihrer zweiten Ehe: Liselotte Beul. Das ist ebenso verwirrend wie es in zahlreichen Publikationen falsch angegeben ist.

Übertroffen wird das Durcheinander noch durch die verschiedenen Angaben ihres Geburtsjahres: 1900, 1905, 1908, 1910, 1912, 1915. In den maßgeblichen zeitgenössischen Nachschlagewerken bis auf den *Musik-Brockhaus* und die *Deutsche Biographi-*

sche Enzyklopädie, die das vom Königlich Preußischen Standesamt registrierte Datum 23. März 1905 angeben, ist die Jahreszahl unterschiedlich falsch angegeben. Sieht man von journalistischer Unachtsamkeit ab, muss es – wunschgemäß, absichtlich oder versehentlich – behördliche Falscheintragungen gegeben haben. (Abb. 2)

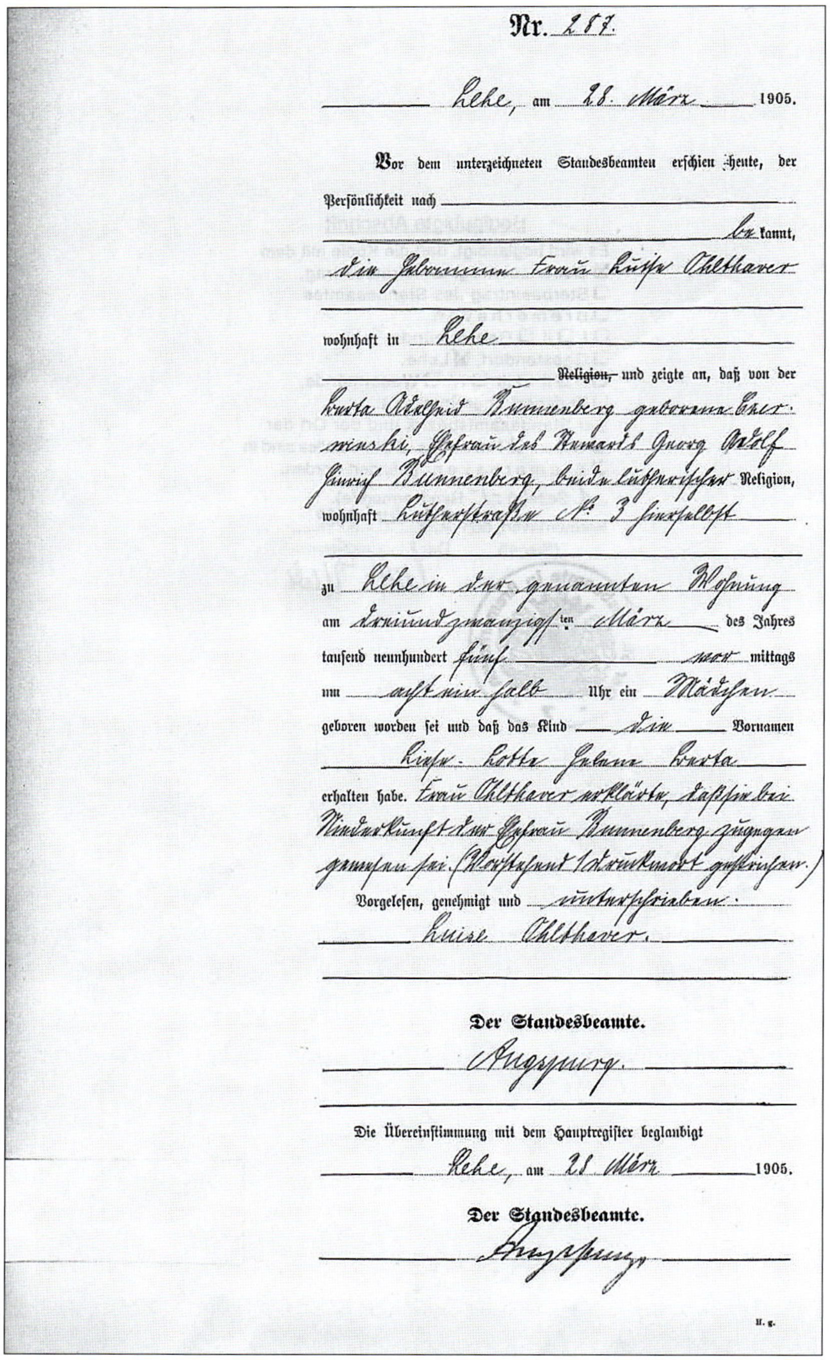

Nr. 257.

Lehe, am 28. März 1905.

Vor dem unterzeichneten Standesbeamten erschien heute, der Persönlichkeit nach bekannt,
die Hebamme Frau Luise Ohlthaver
wohnhaft in Lehe
~~Religion~~, und zeigte an, daß von der
Berta Adelheid Bunnenberg geborene Cherminski, Ehefrau des Kaufmanns Georg Adolf Heinrich Bunnenberg, beide lutherischer Religion,
wohnhaft Luisenstraße No 3 hierselbst
zu Lehe in der genannten Wohnung
am dreiundzwanzigsten März des Jahres tausend neunhundert fünf vor mittags um acht ein halb Uhr ein Mädchen geboren worden sei und daß das Kind die Vornamen
Liese-Lotte Helene Berta
erhalten habe. Frau Ohlthaver erklärte, daß sie bei Niederkunft der Ehefrau Bunnenberg zugegen gewesen sei. ([illegible])
Vorgelesen, genehmigt und unterschrieben.
Luise Ohlthaver.

Der Standesbeamte.
Augspurg.

Die Übereinstimmung mit dem Hauptregister beglaubigt
Lehe, am 28 März 1905.

Der Standesbeamte.
Augspurg.

Abb. 2
Geburtseintrag/Abstammungsurkunde von Lale Andersen. Die Hebamme Luise Ohlthaver zeigte am 28. März 1905 an, dass »am dreiundzwanzigsten März des Jahres tausend neunhundert fünf vormittags um acht ein halb ein Mädchen geboren worden sei und daß das Kind die Vornamen Liese-Lotte Helene Berta erhalten habe«.

Wie viele Künstlerinnen und prominente Frauen, die sich um Jahre und Jahrzehnte verjüngten – von der Dichterin Else Lasker-Schüler über Marlene Dietrich bis hin zu den Präsidentengattinnen Elly Heuss-Knapp und Wilhelmine Lübke –, war auch Lale stets bemüht, so jung und so schön wie möglich zu sein. Ihr Geburtsjahr war ihre Privatangelegenheit und wurde der Zeit angepasst. Mit den Daten und Fakten ihres Lebens ist sie spielerisch umgegangen und ihre Phantasie hat sie zu allerlei Geschichten hingerissen, zumal der Druck, das Leben zu schönen, für jeden Star groß ist. Ihr Leben konnte nur glücklich, interessant, überragend und außergewöhnlich sein, eben so, wie ein normales Leben nicht ist.

Ein Star ist immer auch Projektionsfläche für Träume und nicht gelebtes Leben all der Menschen, die sich mit ihrer Mittelmäßigkeit abfinden müssen und die diese nur ertragen, weil sie sich mit dem Leben von Idolen identifizieren. Dabei werden die Grenzen zwischen der Erfüllung der Erwartung anderer und der eigenen fließend. So verschwinden die Konturen von Wunsch und Realität.

Für Lale Andersen hatte, um den Titel ihrer 1972 erschienen Autobiografie zu zitieren, der Himmel viele Farben. Im Leben hingegen verfügte sie über genügend Bodenhaftung, Willensstärke und preußische Disziplin. Sie in den Grundfesten zu erschüttern und in eine ausweglose Situation zu treiben, das gelang allerdings den Nazis.

Die Tochter eines Schiffsstewards

Geboren wurde Liese-Lotte in Lehe, einem Marktflecken der Provinz Hannover, die vom Preußischen Staat 1866 annektiert worden war. Der Ort grenzte an das bremische Bremerhaven, heute ist Lehe ein Stadtteil der größten Stadt an der Nordsee. Östlich verläuft die Geeste, ein tideabhängiger, mäandernder Fluss, westlich grenzt der Kaiserhafen, den man zu Liese-Lottes Zeit mit der Fähre überqueren konnte, um zur Neuen Lloydhalle, dem »Bahnhof am Meer« zu gelangen. Von hier fuhren die Passagierschiffe des Norddeutschen Lloyd; jeden Dienstagmorgen legte ein Schnelldampfer nach Amerika ab.

Von der Einwohnerzahl her betrachtet war Lehe ein aufstrebender Ort: mit knapp 25 000 Bewohnern größer als die anderen Unterweserorte Bremerhaven, Geestemünde und Wulsdorf.

Die evangelisch-lutherische Familie Bunnenberg, Georg Adolf Hinrich, Rufname Adolf, als Sohn eines Glasermeisters 1869 in Geestendorf, Kreis Geestemünde, geboren und seine 1873 geborene Ehefrau Berta Adelheid, Mädchenname Czerwinski, Tochter eines Platzmeisters in Eichstedt, Kreis Marienwerder, sowie ihr erstes Kind Thekla Berta Auguste, 1897 zur Welt gekommen, lebte in der Lutherstraße 3, gleich an der Ecke zur Hafenstraße. Es war eine jener zeittypischen Wohnungen mit einer Stube, zwei Kam-

mern und einer Küche, durch die es auf den Balkon und zur Toilette ging. Hier wuchs Liese-Lotte in kleinbürgerlichem Milieu als Tochter eines Schiffsstewards auf, der für den Norddeutschen Lloyd fuhr. Sie selbst hat den Beruf des Vaters gelegentlich mit Steuermann, Schiffsoffizier oder romantisch verklärt mit Seemann angegeben. (Abb. 3, 4, 5)

Über die Kindheit von Liese-Lotte können nur Vermutungen angestellt werden, wie die, dass die preußischen Tugenden Ordnung, Fleiß, Sauberkeit, Pünktlichkeit und Disziplin die Grundfesten der Erziehung bildeten. Der Vater war berufsbedingt häufig und lange Zeit abwesend. Die Mutter war eine selbständige, selbstbewusste Frau. Wenn sie es zu Beginn der Ehe noch nicht gewesen sein sollte, dann hat sie es zwangsläufig gelernt, denn die gesamte Haushaltsführung und Kindererziehung musste von ihr alleine organisiert und verantwortet werden. Das Leben wurde auch nicht einfacher, als sie 35-jährig das dritte Kind, den Sohn Helmuth Hinrich Adolf Georg zur Welt brachte.

Berta Bunnenberg wird von ihren Enkelkindern als eine dominante, keinen Widerspruch duldende Frau charakterisiert. Ein mögliches Motiv für die übereilte Eheschließung von Liese-Lotte mag gewesen sein, dieser Herrschaft so schnell wie möglich zu entkommen. Die ältere Schwester verließ das Elternhaus 21-jährig und ging 1918 nach Berlin.

Mit ihrer Kindheit hat Lale sich rückblickend wenig beschäftigt. In ihrer Generation war psychologisieren ungewöhnlich. Dass sie ein wissbegieriges und schon früh belesenes Kind gewesen war oder zumindest gewesen sein wollte, das sich zudem aufs Akkordeonspielen verstand, verdeutlicht ihr »Selbstporträt« von 1966:

Abb. 3
Die Lutherstraße 1902. Im Hintergrund die Pauluskirche, die noch im Bau befindlich ist. Im Vordergrund die höhere Töchterschule, die Kaiserin-Auguste-Victoria-Schule, in die das Mädchen eingeschult wurde. Vom Geburtshaus ist Mitte rechts im Bild die Rückfront sichtbar.

Abb. 4
Das Geburtshaus von Liese-Lotte Bunnenberg im Jahre 2001. Der rechte Eingang gehört zur Nummer 3.

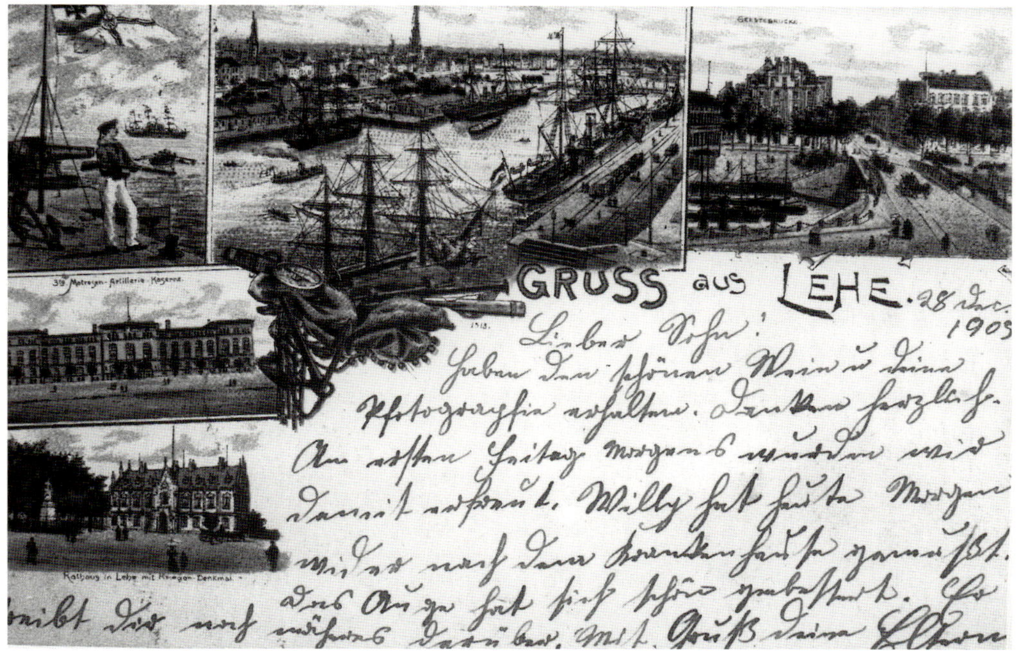

Abb. 5
Lehe präsentiert sich 1903 als maritimer Ort. Der abgebildete Hafen ist der Neue Hafen in Bremerhaven. Matrosen waren in Lehe in der Kaiser-Wilhelm-Straße stationiert (heute Hinrich-Schmalfeldt-Straße, Verwaltungsgebäude des Magistrats).

Während meiner ersten Lebensjahre, die ich als Tochter eines Seemanns teils in Bremerhaven, teils auf den ostfriesischen Inseln verbrachte, war ich ein friedliches, fröhliches kleines Mädchen und meiner Umgebung in keiner Weise verdächtig. Mißtrauen erweckte ich erst als Dreizehnjährige. Ich ging nicht mehr mit den Büchern von Johanna Spyri ins Bett, sondern mit Schiller oder Shakespeare (Reclam Ausgabe, 30Pf.) und auf meinem Wunschzettel stand einzig und allein das Wort: Lyrik. Meine verdutzten Eltern ließen sich vom Bremerhavener Buchhändler, dessen (Reclam-)Stammkundin ich war, erklären, daß Gedichtbände von Goethe, Rilke und Edgar Allan Poe gemeint seien. Ich erhielt sie.

Am darauffolgenden Weihnachtsfest beschränkte ich mich in der mir angeborenen Bescheidenheit wiederum auf einen einzigen Wunsch: Eine Kirchenorgel. Mein Vater versuchte ein Ablenkungsmanöver und schenkte mir sein altes Schifferklavier, zu dessen Begleitung er wunderbar Volkslieder und Shanties singen konnte. Der Trick glückte. Ich war gerührt und versuchte es ihm gleichzutun.

Das nahe Umfeld des Mädchens, die Hafenstraße in Lehe, hatte sich zur repräsentativen Wohn- und Geschäftsstraße entwickelt. (Abb. 6) Schon Ende des 19. Jahrhunderts war die Straße durch Pflasterung und Anlage von Fußwegen großstädtisch ausgebaut. Beide Straßenseiten waren von Bäumen gesäumt; in der Mitte fuhr die von Pferden gezogene Straßenbahn, die 1908 auf elektrischen Betrieb umgestellt wurde. Der Lutherstraße gegenüber lag die im neugotischen Stil gebaute Pauluskirche, die 1905 eingeweiht worden war, und wenig weiter nach Norden der Englische Garten, ein als Konzert-, Kaffee- und Tanzlokal weithin bekanntes und beliebtes Etablissement. (Abb. 7, 8) Zum kulturellen Leben des Städtchens zählte zudem ein Lichtspieltheater. Der Central-Palast öffnete 1908 seine Pforten in unmittelbarer Nähe der Lutherstraße 3.

Auf der Hafenstraße herrschte ein reges geschäftliches Leben, zu dessen Besonderheit italienische Eisverkäufer gehörten. Während der Arbeitskämpfe im Baugewerbe hatte man 1904 italienische Arbeiter mit Sonderzügen an die Unterweser gebracht und sie als Streikbrecher eingesetzt. Einige blieben hier, weitere Landsleute folgten und arbeiteten in landestypischen Berufen.

Das Straßenbild prägten zumeist kleine und mittlere Betriebe, die in erster Linie den täglichen Bedarf der Wohnbevölkerung abdeckten, so zum Beispiel Spezialgeschäfte

Abb. 6
Die Hafenstraße um 1910.

Englischer Garten, Lehe

Hotel-Restaurant

Größtes und schönstes Etablissement an der Unterweser.

Das Etablissement liegt dicht bei dem Festplatze!

(Exerzierplatz der Matrosen-Artillerie-Abteilung.)

Eingang an diesen Tagen sowohl von der Hafenstr. wie auch von der Neuelandstr. aus.

Konzert- und Kaffeehaus, parkartiger Garten, Säle für Festlichkeiten, Klubzimmer, Weinzimmer, Tennisplätze und Kegelbahnen, Schaukeln, Rundläufe und Pony-Bahn. Reichhaltige Küche zu billigen Preisen; vorzügliches helles, Münchener und Pilsener Bier. Weine erstklassiger Firmen.

Kalte Küche, das belegte Brot zu 10 Pfg. pro Stück.

Sonntag 1 Uhr: Großes offizielles Festessen der gesamten Turnerschaft. Couvert 1.50 Mk.

Sonntag 8 Uhr Abends:

Grosses Militär-Konzert

im Garten bei italienischer Beleuchtung.

Außerdem Tanz-Belustigung im renovierten Saale. (Parkettboden)

Die Musik wird ausgeführt von der Kapelle der III. Matrosen-Artillerie-Abteilung in Uniform unter persönlicher Leitung des Kaiserl. Musikmeisters Herrn K. FLICK.

Abb. 7
Werbung für das »größte und schönste Etablissement an der Unterweser«

Abb. 8
Der Englische Garten an der Hafenstraße war ein beliebtes Konzert-, Kaffee-, und Tanzlokal. Die Aufnahme entstand um 1910.

des gehobenen Bedarfs wie Bekleidungs- und Möbelgeschäfte, Manufaktur-, Haushalts- und Kolonialwarenhandlungen. Aber auch für Ärzte, Rechtsanwälte, Apotheker und Fotografen war die Hafenstraße als Wohn- und Arbeitsort attraktiv. (Abb. 9) Für die jungen Männer der 3. Matrosenartillerie-Abteilung, die in der Leher Kaserne, einen Steinwurf von der Hafenstraße entfernt, stationiert waren, war die großstädtisch angelegte Straße der nächstgelegene Vergnügungsort.

In den Seitenstraßen der Hafenstraße befanden sich Einzelhandels- und Handwerksbetriebe: Schlachtereien, Schlossereien, Tischlereien, Wäschereien und Kohlenhandlungen, Milchgeschäfte und zahlreiche Gaststätten. Auch wenn einige größere Bau- und Stuckateurbetriebe in Lehe ansässig waren und die erste italienische Terrazzofabrik sich hier niederließ, war die wirtschaftliche Lage eher bescheiden. Arbeit gab es in Bremerhaven und Geestemünde auf den großen Werften wie Rickmers, Seebeck und Tecklenborg, bei Schiffsausrüstern, beim Entladen der Schiffe, die Baumwolle und Bananenstauden lieferten, in den Auktions- und Packhallen im Fischereihafen oder auf einem der 93 Fischdampfer. Verdienstmöglichkeiten gab es zudem auf den Überseedampfern, die von Bremerhaven Passagiere der ersten Klasse und Auswanderer aus ganz Europa nach Amerika transportierten. (Abb. 10)

Abb. 9
Die Hafenstraße vor 1908, Blick aus südlicher Richtung.

Abb. 10
Bremerhaven auf einer Postkarte zwischen 1900 und 1914, rechts die Kaiserschleuse.

1911 wurde Liese-Lotte in eine höhere Töchterschule, die Kaiserin-Auguste-Victoria-Schule in Lehe (in der Lutherstraße, heute Theodor-Storm-Schule) eingeschult. (Abb. 11) Auf dem Foto zur Einschulung trägt die Sechsjährige ein dunkles, wadenlanges Kleidchen verziert mit einem weißen Spitzenkragen, dunkle Wollstrümpfe und

Abb. 11
Liese-Lotte (1. Reihe, dritte von rechts) wird 1911 in die Kaiserin-Auguste-Victoria-Schule zu Lehe eingeschult. Die Untertitel der Schule wechselten: Lyzeum, Städtische oder höhere Mädchenschule.

Schnürstiefel. Ihre Schulmütze liegt sorgsam auf ihrem Schoß ausgebreitet, darunter sind ihre Hände verborgen. Ihr Gesichtsausdruck ist offen, nicht geziert, nicht in Pose gerückt, die Augen wach, die Körperhaltung eher brav und sittsam, aber nicht schüchtern. Betrachtet man die Mitschülerinnen, fällt folgendes auf: Liese-Lotte ist schmal, klassisch schlicht gekleidet, ohne Rüschenärmel, Haarschleifen, Bänder oder Tücher, unauffällig frisiert und gerade deshalb so wirkungsvoll. Niedlich und hübsch sind viele der Mitschülerinnen des Jahrgangs 1911/12, allerdings fehlt ihnen Liese-Lottes Anmut.

In das Jahr der Einschulung fällt Liese-Lottes erster Umzug von Lehe nach Bremerhaven in die Uferstraße 1, die direkt an der Geeste neben der Rickmers Werft verläuft. Bereits 1913 wechselt die Familie den Wohnort erneut: einige Straßen weiter, wieder zurück nach Lehe in eine Seitenstraße der Hafenstraße, in die Rutenbergstraße 4. Beide Umzüge bewegen sich in einem Radius von nur knapp zwei Kilometern, doch jedes Mal gilt es, eine politische Grenze zu überwinden – von Preußen in das bremische Bremerhaven – und somit die Schule zu wechseln.

Liese-Lotte besuchte in Bremerhaven in der Grünen Straße 39 (heute Grazer Straße) das Wode-Lyzeum, eine höhere Töchterschule, die nach dem Direktor Dr. phil. Alwin Wode bezeichnet wurde, offiziell aber den Namen »Städtische Oberrealschul-Studienanstalt mit höherer Mädchenschule« trug.

Seit 1905 konnten Mädchen diese höhere Töchterschule zehn Jahre lang besuchen und einen der Mittleren Reife entsprechenden Abschluss erwerben. Da es noch keinen allgemein gültigen, offiziellen Lehrplan für das zehnklassige Lyzeum gab, war der

Unterricht so organisiert, dass die Endleistungen in Mathematik und Naturwissenschaften den Plänen einer Realschule entsprachen, in Deutsch und Fremdsprachen sogar darüber hinausgingen.

Diese fortschrittliche Bremerhavener Studienanstalt wurde bald erweitert und ermöglichte 1913 erstmals in den Hansestädten und in ganz Norddeutschland das Abitur für Mädchen. Die 14 Schülerinnen der Bremerhavener Mädchenschule, die 1913 das Abiturientenexamen ablegten, gehörten zu den ersten Abiturientinnen im Deutschen Reich.

Die berühmteste Tochter Bremerhavens

Liese-Lotte erlebte ihre Kindheit und Jugend in einem lebendigen, urbanen Umfeld, das sich von anderen Orten Deutschlands politisch, städtebaulich, klimatisch und mental unterschied:

Eine Arbeiter- und Hafenstadt, eine von Preußen umgebene, bremische Exklave am Weserdeich, angelegt von einem holländischen Wasserbauingenieur in schachbrettartigem Grundriss, wo Schiffbau, Fischverarbeitung und Warenumschlag dominierten. Bevölkert von Schauerleuten, Fischern, Kesselschmieden, Stauern, Nietern, Reepschlägern; von Seemännern aller Couleur, ausgestattet mit der entsprechend hohen Anzahl an Gaststätten und Bordellen. Letzte Station für Millionen von Auswanderern auf dem

Abb. 12
Postkarte vom Weserdeich, ca. 1914.

Abb. 13
Bremerhaven ehrt Lale Andersen mit einer Laterne und einer Gedenktafel (errichtet 1981 in der Linzer Straße).
Wenige Wochen nach der Einweihung hängen unbekannte eine 1,20 Meter große Puppe an die Laterne und protestieren in einem beigefügten Schreiben »gegen die Geschmacklosigkeit der Aufsteller«. In dem Brief wird darauf verwiesen, dass im sogenannten Dritten Reich Frauen an Laternen aufgehängt worden seien, die sich mit Juden einließen.
Auch die Alternative Liste hatte sich gegen die Aufstellung der Laterne, mit der die Erinnerung an die »verhängnisvolle großdeutsche Vergangenheit« in den Dienst der Bremerhaven-Werbung gestellt wurde, in einer Presseerklärung gewandt. Wenigen war bekannt, dass *Lili Marleen*, gesendet vom nationalsozialistischen Sender Belgrad, zur »Internationalen« der Soldaten des Zweiten Weltkriegs wurde und die Interpretin selbst wegen ihres Kontaktes zu jüdischen Freunden in der Schweiz verfolgt wurde und Auftrittsverbot erhielt.

Weg in die Neue Welt und für diese ein Ort des Abschieds und der Hoffnung auf ein besseres Leben.

Raues Klima, häufige Sturmfluten, ein hoher Himmel, über den der Wind die Wolken treibt, der Geruch von Fisch, das Schreien der Möwen, das Tuten der Nebelhörner und das alle Geräusche überlagernde Schlagen der Niethämmer auf den großen Werften an der Geeste, das ist Liese-Lottes Heimat. (Abb. 12)

Wie keine andere Sängerin des 20.Jahrhunderts wird sie mit ihrer spröden Stimme, ihrem von Wind und Wetter gegerbten Gesicht den friesischen Menschenschlag verkörpern. Das war keine Rolle, kein Produkt ihrer Phantasie.

Mit dem Namen »Lale Andersen« wurden Stimme und Gesicht zu einem überzeugenden Ganzen und es entstand ein authentischer und unverwechselbarer Charaktertyp. Sieht man von der Besonderheit ihres unverhofften, kaum zu erklärenden Welterfolges *Lili Marleen* im Zweiten Weltkrieg ab, blieb sie zeitlebens auf diesen Typ festgelegt. Alle Versuche, das Genre zu wechseln, waren zum Scheitern verurteilt: Ihr Image als »Die Nordsee persönlich« war perfekt. (Abb. 13)

Die Braut des Malers

Liese-Lotte ist gerade fünfzehn Jahre alt, als sie vorzeitig das Lyzeum verlässt. Damit bestätigt sich einmal mehr die These, dass Menschen, die besondere Leistungen erbringen, zumeist keine geradlinige Biografie vorweisen können. Die Meldekartei Lehe verzeichnet, dass sie sich von Oktober 1920 bis Januar 1921 in Bremen, Rembertistraße 74, aufhielt. Ihr Beruf ist mit Schülerin, Kunstgewerbe, angegeben. In der erhaltenen Studienkartei der Kunstgewerbeschule Bremen ist ihr Name allerdings nicht verzeichnet. Weitere mögliche Ausbildungsstätten, Kunst- oder Schauspielschulen in den 20er-Jahren in Bremen, sind nicht bekannt. Wahrscheinlich hat Liese-Lotte Privatunterricht genommen. Als sie am 27. März 1922 den Bremerhavener Kunstmaler Paul Ernst Wilke[1] heiratet, steht in der Urkunde als Beruf »Haustochter«.

Liselotte und Paul Ernst lernen sich im Dezember 1921 kennen. (Abb. 14) An diese Zeit erinnert sich der Maler 50 Jahre später bei den Vorbereitungen für seine Jubiläumsausstellung in einem Brief an seine ehemalige Frau:

Ich habe schon jetzt viele frühere Arbeiten als Leihgaben bekommen – sogar meine ersten beiden Bilder vom Alten Vorhafen u. Dorfstrasse i. Schiffdorf. Wie schön, Du könntest am 5. Dez. dabei sein. Es waren zugleich unsere ersten Tage in Bremerhaven im Dezember 1921. Ja, meine liebe Gute, haben wir beide damals geahnt, wie uns das Leben einmal treiben würde?

1 Alle Angaben über Paul Ernst Wilke stammen aus: Nora Schwabe/Heinz Weber: Paul Ernst Wilke 1894–1971 Maler und Zeichner. Hrsg. vom Freundeskreis Paul Ernst Wilke e.V. Bremerhaven. Bremen 1997.

Abb. 14
Liselotte und Paul Ernst Wilke 1924 beim Künstlerfest in Bremen.

Lale Andersen erzählt 1948 anlässlich eines Gastspiels in Bremerhaven (Bericht in der *Nordsee-Zeitung* vom 20. September), sie habe ihren ersten Mann des Abends beim »Bürgern« kennen gelernt. »Bürgern« ist eine Bezeichnung, die es nur in Bremerhaven gibt. Darunter versteht man das abendliche Flanieren – wie es sonst nur in Italien auf dem Corso üblich ist – auf der Hauptstraße der Innenstadt, der Bürgermeister-Smidt-Straße, verkürzt »Bürger« genannt.

Zu dem Zeitpunkt, an dem Liselotte und Paul Ernst sich begegnen, ist über die 16-Jährige im Gegensatz zu ihrem elf Jahre älteren Mann nicht allzu viel zu berichten; lediglich, dass sie theaterbegeistert und hübsch ist. Gelegenheit, Opern, Operetten, Schauspiele, Märchenspiele und Tanzabende kennen zu lernen, hat sie in Bremerhaven reichlich gehabt. 1911 war das Städtische Theater im Zentrum eingeweiht worden, dessen ambitionierter Spielplan Aufmerksamkeit verdient: von den Aufführungen der Klassiker bis hin zu den Dramatikern des Realismus spannt sich der Bogen. In der Spielzeit 1918/19 gibt es insgesamt 328 Vorstellungen, davon 31 Schauspiele in 105 Aufführungen, 13 Opern in 53 Aufführungen, 12 Operetten und Singspiele in 84 Aufführungen, ferner 5 Märchenspiele in 31 Aufführungen und 2 Tanzabende. Das Programm umfasst Klassiker – Werke wie Lessings *Minna von Barnhelm* und *Nathan der Weise*, Goethes *Faust* und *Iphigenie auf Tauris*, vier Stücke von Schiller, eines von Grillparzer. In der Rubrik »Erstaufführungen und Neueinstudierungen« sind Autoren wie Kotzebue, Hauptmann, Sudermann, Strindberg und Schnitzler vertreten. Die Bandbreite der Opern reicht von Mozarts *Zauberflöte* über Lortzing, Bizet, Verdi und Wagner zu Leoncavallo. Als Operetten gelangen unter anderem *Die Fledermaus*, *Wiener Blut*, *Der Bettelstudent*, *Die Czardasfürstin* und *Wie einst im Mai* zur Aufführung.

In Liselottes Vorstellung muss Paul Ernst Wilke der Märchenprinz gewesen sein, den junge Mädchen – und nicht nur junge –, in ihrer Phantasie ersehnen. Er kam aus einer anderen, ihr unbekannten, faszinierenden Welt.

Als junger Mann hatte er sich in der Fremde durchgeschlagen und das Geld für sein Studium als Dekorationsmaler, seinem im elterlichen Betrieb erlernten Beruf, verdient. Hannover war die erste Station seiner Wander- und Studienjahre, bevor er nach Bielefeld wechselte, um dort an der Kunstgewerbeschule sein erstes Semester zu beginnen. Von dort aus zog es ihn nach Düsseldorf an die Kunstakademie zu den bedeutenden Landschaftsmalern Andreas Achenbach und Eugène Gustav Dücker, die ihm künstlerisches Vorbild waren. Vor Ausbruch des Ersten Weltkriegs war er wieder zurück in Bremerhaven und die Künstlerträume schienen ausgeträumt, auch wenn einige seiner Arbeiten bereits in einer Kunsthandlung in der Innenstadt ausgestellt wurden. 1915 wurde Paul Ernst eingezogen und einige Monate später verwundet. Zwei Schüsse in seinen linken Arm führten zu einer bleibenden Lähmung, retteten ihm aber möglicherweise das Leben.

Die Zeit der Genesung verbrachte er in einem Berliner Lazarett, wo er auf das Studienangebot der Kunstakademie aufmerksam wurde. Das nächste Semester studierte er mit Hilfe eines Stipendiums seiner Heimatstadt in Bremen an der Kunstgewerbeschule. Erst im Frühjahr 1918 wurde der lang gehegte Wunsch Wirklichkeit: im Zentrum der fortschrittlichen Malerei, in Berlin, zu studieren. Aus München, der anderen Kunstmetropole, waren Max Liebermann, Lovis Corinth und Max Slevogt an die Spree gekommen. Der Bremerhavener Student hatte jetzt die Umgebung gefunden, die es ihm ermöglichte, sich mit den neuen Kunstströmungen auseinander zu setzen und sich in verschiedenen Techniken zu erproben. Seinen Lebensunterhalt verdiente er in Berlin als Plakatmaler. 1921 kehrt er in seine Heimatstadt zurück, um mit seinem Künstlerfreund Karl Dannemann und dessen Frau seine erste, große Studienreise nach Italien zu unternehmen. Diese Reise bildete den Schlusspunkt seiner akademischen Ausbildung. Ab Mai 1921 ist Wilke freier Künstler, der seinen Beruf als Landschaftsmaler in Bremerhaven ausübt. Seine Bilder finden in Bremerhaven Anerkennung und führen zur Teilnahme an der ersten »Gilde«-Ausstellung heimischer Künstler Ende 1921 in der Bremerhavener Kunsthalle. In einer Besprechung in der *Nordwestdeutschen Zeitung* am 3. Dezember durch Fritz Hartmann, Wilkes ehemaligen Zeichenlehrer, heißt es:

Paul Ernst Wilke ist Impressionist vom reinsten Wasser. Leidenschaftlich stürzt er sich in die Arbeit, in ihr lebt und tobt er sich aus. Es ist geradezu erstaunlich, wie dieser junge Maler die Farbe auf die Leinwand wirft. Seine Gemälde zeichnen sich aus durch Sonnigkeit. Unzählige fangen das zerstreute Tageslicht, dieses breit hingelagerte, alles überströmende weiche Licht recht gut ein; ihm gelingt es, die Sonne zu bannen. Vermöge seiner blitzartigen Auffassung gelingt es dem Künstler, die überaus schwierigen Stimmungen, die rascher als anderwärts am Wasser wechseln, festzuhalten. Damit bringt er Seltenheit auf den Kunstmarkt.

Diesen leidenschaftlichen Künstler umgibt ein Flair von Weltgewandtheit. Dem sympathischen, attraktiven Bonvivant hinter der Staffelei bescheinigt die *Nordsee-Zeitung* noch 1959 »einen Blick wie Gary Cooper, immer ein wenig gegen die Sonne.« Er war in allen Lebensphasen von Frauen umgeben, die ihn bewunderten, und er liebte die Frauen.

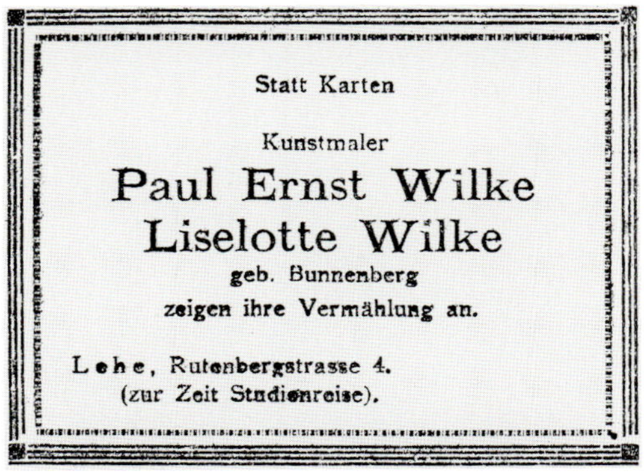

Statt Karten

Kunstmaler

Paul Ernst Wilke

Liselotte Wilke

geb. Bunnenberg

zeigen ihre Vermählung an.

Lehe, Rutenbergstrasse 4.
(zur Zeit Studienreise).

Abb. 15
Hochzeitsanzeige in der *Nordwestdeutschen Zeitung* vom 1. April 1922.

Für ein sechzehnjähriges Mädchen muss der stattliche, große, gut aussehende, vom Krieg gezeichnete, sehr männliche Typ eine erotische Verheißung gewesen sein. Gleichzeitig war er der Mann, an dessen Seite der gesellschaftliche Aufstieg vom Kleinbürgertum in die Welt der Boheme möglich wurde. Ein Jungmädchentraum erfüllt sich und entsprechend ist das Tempo: Binnen drei Monaten findet die Hochzeit statt. Erst wenige Tage zuvor war die Braut 17 Jahre alt geworden. Und für Paul Ernst? War es ihr Liebreiz, ihre Jugend und Tugend, ihre Bewunderung und die Bestätigung seiner Einmaligkeit? War der Zeitpunkt gekommen, den Hausstand zu gründen? Alles das und noch viel mehr, was wir nicht wissen, hat ihn bewogen, Liselotte zu ehelichen. (Abb. 15).

Die Ehefrau und Mutter

Anders als die Mutter hatte Adolf Bunnenberg die Heiratspläne seiner Tochter unterstützt. Freigiebig stellte er nun seine auf den Schiffsreisen erworbenen Dollar für die Hochzeitsreise nach Wertheim am Main, Rothenburg ob der Tauber und Würzburg zur Verfügung. (Abb. 16, 17)

Während dieser Reise füllt Paul Ernst seine Skizzenblöcke, und zurückgekehrt sieht sich das Paar nach einer gemeinsamen Wohnung um. Im Haus der Familie Wittland, Poststraße 2 (heute An der Karlstadt), ist genügend Platz, zudem kann Paul Ernst das

Abb. 16 und 17
Liselotte Wilke (links) und Paul-Ernst Wilke (rechts) während der Hochzeitsreise im April 1922.

Atelier des verstorbenen Freundes und Künstlerkollegen Wilhelm Wittland nutzen. Hier ziehen die beiden im Dezember 1922 ein.

Für den Maler beginnt eine Phase der außerordentlichen Schaffenskraft, die zunächst bis 1929 anhält. Zahlreiche Ölbilder, Radierungen und Lithographien entstehen in dieser Periode. Er ist erfolgreich, stellt verschiedentlich aus und verkauft. Seine Bilder werden in einem renommierten Kunstbuch und anderen regelmäßig erscheinenden Publikationen, wie zum Beispiel in *Westermanns Monatshefte*, präsentiert. In diesen ersten Ehejahren unternimmt der Künstler zahlreiche Studienreisen.

Im Herbst 1923 besucht das Paar erneut Rothenburg ob der Tauber und im Anschluss daran einige Tage Rotterdam. 1924 ist für Paul Ernst und Liselotte ein ganz besonderes Jahr: das erste Kind, der Sohn Björn, kommt am 4. März zur Welt. Im Sommer reist die dreiköpfige Familie nach Norderney. Die Insel erfreut sich zu dieser Zeit nicht nur bei Feriengästen, sondern auch bei Künstlern großer Beliebtheit. Paul Ernst ist so von Norderney angetan, dass er sich während des Urlaubs ein Atelier einrichtet. Im November feiert der Künstler seinen 30. Geburtstag und der Kunstverein stellt ihm für seine beantragte Einzelausstellung den gesamten Oberlichtsaal zur Verfügung.

So geht es weiter bis 1929: der Künstler reist, unter anderem für drei Monate mit seinem Freund Dannemann nach Capri, regelmäßig nach Greetsiel und Norderney. Größere Aufträge führt er in Bremerhaven und Duisburg aus.

Die junge Frau betreut das Kind, reist mit ihm und der Schwester 1925 nach Italien (Abb. 19), gebiert 1927 das zweite, die Tochter Carmen-Litta, und 1929 das dritte Kind, den Sohn Michael. (Abb. 20)

Abb. 19
Am Strand.
Liselotte (rechts), Schwester Thekla und Sohn Björn 1925 in Italien.

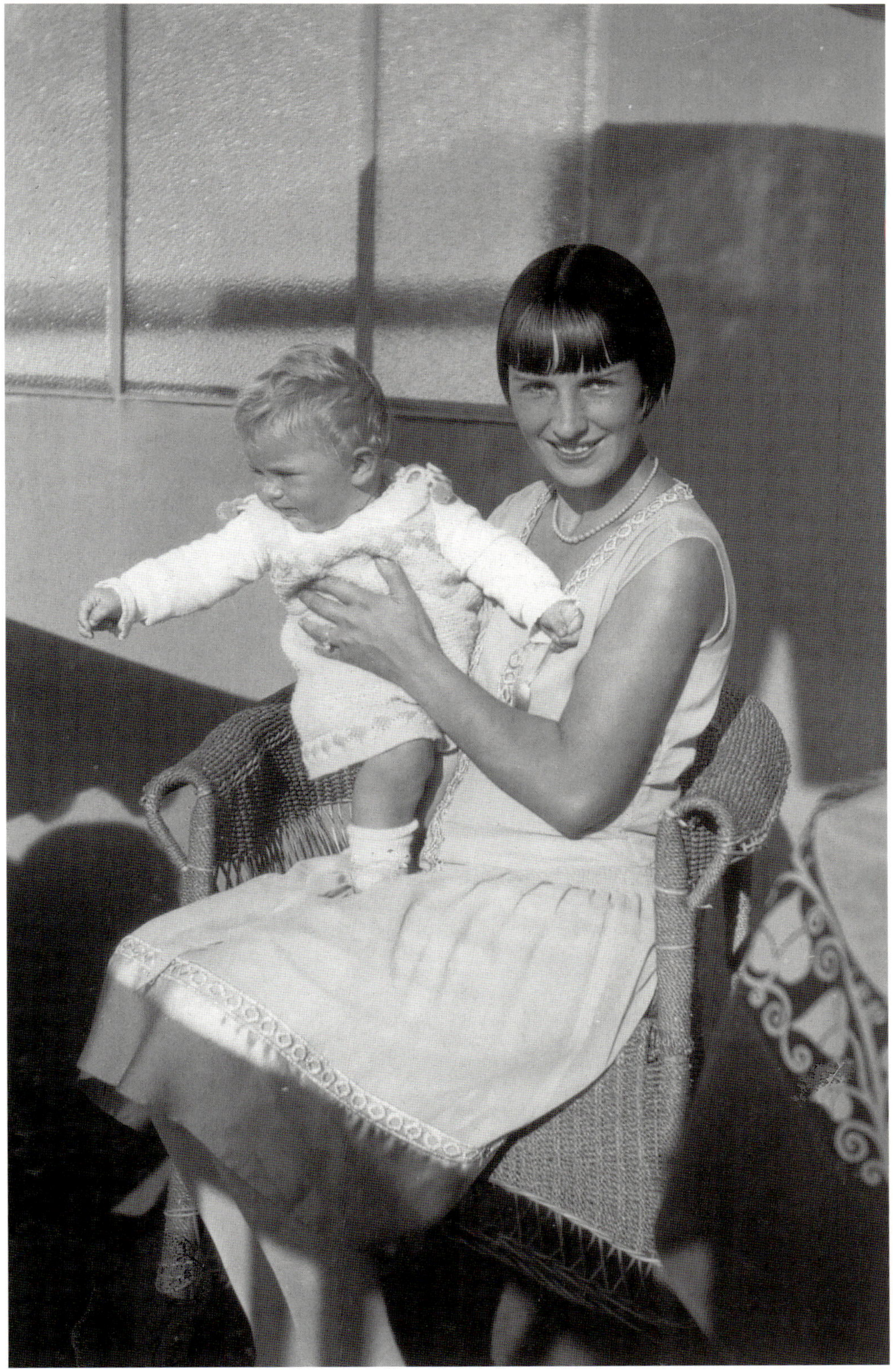

Abb. 20
Lieselotte mit Tochter Carmen-Litta.

Nächste Seite:
Abb. 21
Liselotte im Glück.

Liselotte lachend und lächelnd.
28

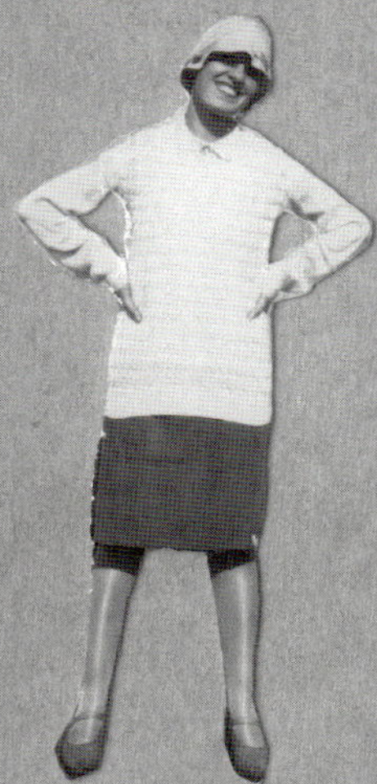

Das Paar kann zufrieden, ja glücklich sein. Die Kinder sind gesund, der Mann tüchtig und erfolgreich, die finanziellen Verhältnisse erlauben Reisen und Studienaufenthalte. Die Mutter ist immer noch hübsch, jung, schlank, gepflegt und gut gekleidet.

Zwischenzeitlich war die Familie umgezogen von Bremerhaven nach Bremen in die Löningstraße 10. Die Gründe für diesen Ortswechsel können nur vermutet werden: Liselotte hatte Sehnsucht nach Großstadtatmosphäre und nach ihrer Schwester Thekla, die in Bremen verheiratet, aber kinderlos lebte. Mit ihrer Unterstützung konnte sie weiterhin regelmäßig das Theater besuchen. Paul Ernst hingegen hatte sich entschieden, hauptsächlich in seiner Heimatstadt zu leben, die er liebte. Hier fand er das Licht, den hohen Himmel, die Landschaft, die er malen wollte. Im Gegensatz zu seiner jungen Frau hielt er sich häufig an verschiedenen Orten auf und hatte somit reichlich Abwechslung.

Der Umzug nach Bremen mag für Liselotte eine Verbesserung ihrer Lebenssituation gewesen sein. (Abb. 21) Zufriedenstellend war die Situation letztlich nicht. In der Rolle der Penelope war sie eine Fehlbesetzung. Anders als Odysseus war Paul Ernst zwar nicht zwanzig Jahre unterwegs, aber doch zu häufig abwesend. Im Grunde ging es ihr nicht besser als Mutter Berta – allerdings mit einem entscheidenden Unterschied: Ihre Sehnsucht galt nicht der Heimkehr des Ehemannes, ihre Leidenschaft gehörte dem Theater. Allein mit dem Besuch abendlicher Vorstellungen ließ sich keine Befriedigung mehr herstellen. Liselotte wollte selbst Künstlerin werden.

Sechs Wochen nach der Geburt von Michael verlässt sie Mann und Kinder und bricht im Oktober 1929 auf nach Berlin. Lale Andersen datiert diesen Zeitpunkt auf 1931. Sowohl die Aufnahmen in ihrem Fotoalbum mit ihren Kommentaren, das Fehlen von Aufnahmen des Babys Michael als auch der Umzug von Paul Ernst von Bremen nach Bremerhaven Ende Oktober 1929 sprechen für das frühere Datum. Hier wurde die Biografie abermals geändert.

Wenn eine Mutter ihre Kinder verlässt, ist das ein barbarischer Akt. War der Wunsch, Künstlerin zu werden, denn so stark? Hat sie wirklich inmitten der Weltwirtschaftskrise geglaubt, sie könne schnell Geld verdienen und ihre Kinder nachholen, wie sie in ihren Lebenserinnerungen schreibt? Oder war der erotische Bonvivant ein Egozentriker, ein miserabler Ehemann, der malte, auf Reisen ging, ausstellte, anderen Frauen nachstellte und hauptsächlich durch physische oder mentale Abwesenheit glänzte? War die Ehe nicht mehr zu retten, konnte sie sich nur selbst retten? Bei solchen existentiellen Lebensentscheidungen gibt es mehr als nur einen Grund.

Paul Ernst und Liselotte bleiben einander trotz Trennung, Scheidung und weiteren Ehen ein Leben lang freundschaftlich verbunden, und es liegt daher nahe, dass der von Lale Andersen in ihrem autobiografischen Roman *Der Himmel hat viele Farben* zitierte Brief ihres Mannes, auch wenn er nicht belegt ist, in seiner Grundhaltung authentisch ist:

Oft hatte ich sogar das Gefühl, daß Du Schwierigkeiten ersehntest, weil sie Dir einen Grund gaben, Deiner heimlichen Sehnsucht nach Theater und Schauspielerei nachzugeben. Anstatt bei den Kindern zu bleiben, wenn ich unterwegs war, saßest Du Abend für Abend im Stadttheater und himmeltest alte Mimen und junge Operettenbuffos an. Und schon bevor mir das von diesem unsympathischen Anwalt bestätigt wurde, wußte ich, daß der Grund, daß Du die Kinder und mich verlassen hattest, kein anderer war als der, Dein Glück beim Theater zu suchen. Es wäre töricht, wenn ich als Künstler Dir deswegen Vorwürfe machen würde. Künstler kann man nicht werden. Künstler ist man. Ein Baum kann nicht sagen: ich möchte eine Blume, und ein Löwe: ich möchte ein Kätzchen sein – und so kann auch niemand sagen: ich möchte Künstler werden. Wer aber zum Künstler bestimmt ist, dem bleibt nur eins: sich damit abzufinden.

Das Bühnenselbst ist das vervollkommenste Selbst.

John Lahr

Kapitel 2 1929–1941

Berlin – Zürich – München – Berlin

Sängerin und Schauspielerin

Als Liselotte von Bremen nach Berlin reist, überwindet sie nicht nur eine räumliche Distanz; zurück bleibt ihr bisheriges Leben als Mutter und Ehefrau. Im Gepäck sind der Trennungsschmerz, die Sorge um ihre Kinder, das Gefühl gescheitert zu sein und gleichzeitig die Gewissheit, jetzt den eigenen Weg zu gehen. Dies vermischt sich mit einem beglückenden, euphorischen Gefühl, unabhängig und frei zu sein und – bei aller ban-

Abb. 22
Liselotte modisch und elegant gekleidet in Berlin (1929 oder 1930). Ihr Kommentar im Album: »Berlin junge, schöne, pulsierende Stadt«.

ger Erwartung – das Abenteuer eines selbstbestimmten Lebens als Künstlerin aufzunehmen.

Im Berlin der 20er-Jahre, der damals drittgrößten Stadt der Welt nach London und New York, war Liselott Wilke zur richtigen Zeit am richtigen Ort – eine wesentliche Voraussetzung für Erfolg. (Abb. 22)

Berlin war hektisch, Berlin war laut. Viereinhalb Millionen Einwohner, eine halbe Million Telefonanschlüsse, über 100 Tageszeitungen. Straßenbahnen, S-Bahnen, Doppeldeckerbusse, Großlimousinen, Lastwagen und das sportliche Opel Coupé, alles knatterte, alles war in Bewegung. In der Metropole war Tempo das Wort der Stunde und Kurt Tucholsky charakterisierte seine Zeitgenossen: »Sie haben Quecksilber im Plüschsessel«.

Berlin war elegant, das Modewort hieß »pikant« und auf dem Kurfürstendamm frönte man dem Jahrmarkt der Eitelkeiten. Berlin war auch bitterarm. Vor den Arbeitsämtern standen abgerissen in langen Schlangen die Stempelbrüder.

Berlin war im Tanzfieber. Die Tante aus Lumuba, von den Comedian Harmonists besungen, tanzte Rumba – mitten in Preußen.

Berlin schwebte im Operettenzauber. Am 10. Oktober 1929 wurde im Metropol-Theater *Das Land des Lächelns* mit Vera Schwarz und Richard Tauber uraufgeführt. Es wird der größte Erfolg des Lebens für das Trio Franz Lehár, Fritz Löhner und Ludwig Herzer. Mit »Dein ist mein ganzes Herz, wo Du nicht bist, kann ich nicht sein« feierte Tauber Triumphe. Der Schriftsteller, Kultur- und Gesellschaftskritiker Karl Kraus verlässt die Premiere, weil er diese »Sexualangelegenheit zwischen einem chinesischen Prinzen und einer nudelsauberen Wienerin« zum Weglaufen findet.

Berlin hatte seine lichten und leichten Seiten. Populäre Unterhaltung im Kabarett, im Schwank, in Schlager und Filmen erfreute sich größter Beliebtheit. Auch die Vertreter der Avantgarde diskutierten nicht ausschließlich über Marxismus und Psychoanalyse, lasen Heidegger oder bewunderten Brecht und Grosz. Kino, Varieté, Pferderennen, Boxkämpfe und der Besuch anderer Stätten von zweifelhaftem kulturellen Wert gehörten auch für sie zur Unterhaltung. Den Moralisten zum Trotz, in Berlin amüsierte man sich, trotz wirtschaftlichen und politischen Krisen.

Der Tanzwut folgte eine Sexwelle. Sie reichte von wissenschaftlichen und pseudowissenschaftlichen Forschungseinrichtungen hin zu Nacktdarbietungen, so genannten Schönheitstänzen, und Pornografie. *Freie Liebe*, *Die Strohwitwe*, *Frau ohne Mann* hießen die einschlägigen Blätter. Eine neue Literaturgattung blühte auf; sie befasste sich, wie die Buchtitel belegen, mit Nächten im Harem, Mädchenhandel, Frau und Peitsche. Die Ehe auf Probe, die Ehe zu dritt – alles keine Erfindung unserer Tage. Den Ruf, eine verruchte Stadt zu sein, erwarb sich Berlin zudem durch einen blühenden Drogenhandel; Kokainschnupfen war eine Zeit lang in Mode.

Abb. 23
Die Künstlerin mit zeittypischem Bubikopf 1931.

Diese Stadt besaß eine ungeheuere Anziehungskraft. Die Züge, die in Berlin ankamen, brachten täglich Hunderte von jungen Frauen in die Millionenstadt, die auf ein neues, ein freies, ein »modernes« Leben hofften – fernab von Kontrolle und fest gefügter Lebensplanung. Sie kamen als Dienstmädchen, Sekretärinnen, Sängerinnen, Gouvernanten, Studentinnen, Tänzerinnen, Wissenschaftlerinnen, Fabrikarbeiterinnen, Schauspielerinnen und Schriftstellerinnen. Aus Wuppertal und Wien, aus Österreich, Ungarn, der Tschechoslowakei und aus der Sowjetunion.

Die Folgen des Ersten Weltkriegs zwangen Frauen zunehmend zum Broterwerb und bescherten ihnen damit neue Freiräume, auch und gerade im künstlerischen Bereich.

Berlin wird für Liselott Wilke ebenso wie für Fritzi Massary, Anita Berber, Else Lasker-Schüler, Helene Weigel, Marlene Dietrich, um nur einige zu nennen, das Sprungbrett aus der Anonymität. (Abb. 23)

Die herbe Blonde von der Wasserkante, die Interpretin Brechtscher Stilart

Liselott sucht und findet eine Wohnung in Berlin, Kaspar-Theis-Strasse 34. Die Kinder kommen zu Besuch, es wird Sommer und sie genießt die Strände der Berliner Seen. (Abb. 24, 25) Wie sie ihren Lebensunterhalt bestreitet, bleibt ihr Geheimnis.

Beruflich bereitet sie sich auf das Einstudieren von Rollen vor, sie beschäftigt sich mit Texten von Ringelnatz, Tucholsky und Bert Brecht. Sie besucht Kabaretts, Varietés, Kinos und Theater, sicher auch das Romanische Café, Ecke Tauentzien/Budapester Straße, wo

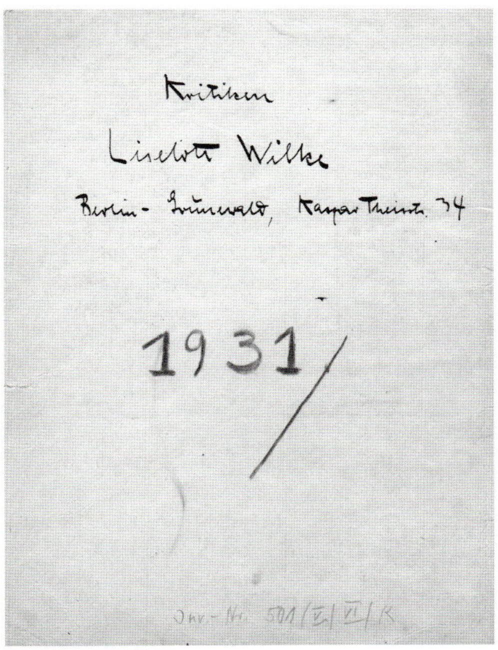

Abb. 24
Die Berliner Adresse, eingetragen von der Künstlerin in ihre schwarze Kladde.

Abb. 25
Sommer 1930: Liselott am Strand eines Berliner Sees mit Sohn Björn.

Schriftsteller, Kritiker, Maler, Schauspielerinnen und eine beträchtliche Zahl kurioser Gestalten verkehren. Sie informiert sich, knüpft Kontakte, vereinbart Termine zum Vorsprechen.

Als sie den Schauspieler, Kabarettisten, und Conférencier Willi Schaeffers kennen lernt (Abb. 26), erhält sie die Chance, in seinem »Studio« im »Kabarett der Komiker« aufzutreten. Dieses »Studio« ist ein »Talentschuppen«, in dem junge Künstler die Möglichkeit haben, ihr Können erstmals vor Publikum unter Beweis zu stellen.

1957, anlässlich einer Radiosendung über die *Dreigroschenoper* im WDR, wird Willi Schaeffers eine aktuelle Schallplattenaufnahme Lale Andersens mit Chansons aus dieser Oper überschwänglich loben. Aber sein Rückblick auf ihre ersten Versuche auf der Bühne fällt alles andere als schmeichelhaft aus:

Abb. 26
Liselott und Willi Schaeffers (rechts neben der Künstlerin) im *Seemannschoral* von Walter Mehring, ca. 1932.

Lale, ich werde verrückt! Bist Du das wirklich? Ist das Deine Stimme, Deine Diktion? Da kann man nur sagen: Welche Verwandlung! Weißt Du noch, wie Du mir im wahrsten Sinn des Wortes hinterherliefst, ich soll Dich doch mal anhören, damit Du in einer Studio-Matinee mitwirken könntest?!

Ich tat das und sah keine Spur von einer Bühnenbegabung. Aber als Dein Bitten mich entwaffnete, habe ich doch noch einen Versuch gemacht und liess Dich etwas singen. Aber – das war eben nichts.

Du ließest nicht locker, bis ich Dir endlich eine kleine Rolle gab in einem Einakter von Joachim Ringelnatz. Ich lernte sogar Deinetwegen die männliche Rolle und siehe da: Alle fanden Dich begabt, aber leider nur komisch ...

Schaeffers, der zahlreiche Nachwuchstalente der Kleinkunst entdeckte, neben Lale Andersen unter anderem Dolly Haas, Peter Frankenfeld, Brigitte Mira, Günter Neumann, Georg Thomalla und Grethe Weiser, urteilt hier wohl ein wenig streng. Denn die Rezensenten beurteilen die Anfängerin wohlwollend. Einige Kritiker heben ihre Eigenwilligkeit, die Besonderheit ihres Typs und ihre Sprachtechnik hervor. Liselott hat die Kritiken seit Januar 1931 sorgfältig gesammelt und in eine schwarze Kladde eingeklebt. Diese Ausschnitte sind durch Fotos, hin und wieder mit kleinen Illustrationen und Erläuterungen ergänzt. (Abb. 27)

Als »neue, starke Interpretin Brechtscher Stilart« findet sie im Berliner *Tempo* Anerkennung. Hans Siemsens positives Urteil in der *Berliner Zeitung am Mittag* lautet: »... und Liselotte Wilke, ein blondes, norddeutsches Mädchen, norddeutsch-vernünftig. Sie wird etwas sehr Seltenes ins Kabarett bringen: eine wirklich eigene Note.«

Die *Berliner Börsenzeitung* lobt Liselott Wilke, »die sehr gut ein Hafenlied vortrug, feinstes Empfinden und gute Mimik zeigte. Ein interessanter Mensch!«

Im Februar 1931 tritt die norddeutsch-herbe Sängerin im Kabarett »Ping-Pong« auf. Bei ihrem »eigentlich primitiven Ausdruck in Ton und Geste« hat sie »das Temperament mitzureißen«, so ein Kritiker. Die *Vossische Zeitung* hebt hervor: »Liselott von der ›Waserkante‹ also etwas herb und schwerblütig, springt auf den Flügel und singt einen Matrosengesang. Sie und Ilse Trautschhold besitzen die suggestiv wirkende Kraft, die echter darstellerischer Fähigkeit eignet.«

War sie bisher in den Artikeln der Tagespresse nur eine von mehreren Künstlerinnen, die kurz Erwähnung fanden, werden die Texte über ihre Auftritte rasch ausführlicher. Anlässlich eines Gastspiels in Münster am 24. September 1932 heißt es:

Liselott Wilke trägt mit vortrefflich künstlerischem Geschmack Matrosen-Lieder vor, in denen der Ernst und die Tragik und auch die Lebensfreude der heimatlosen Menschen angenehmen Ausdruck finden, der Menschen, die immer nur zu gewinnen, nie zu ver-

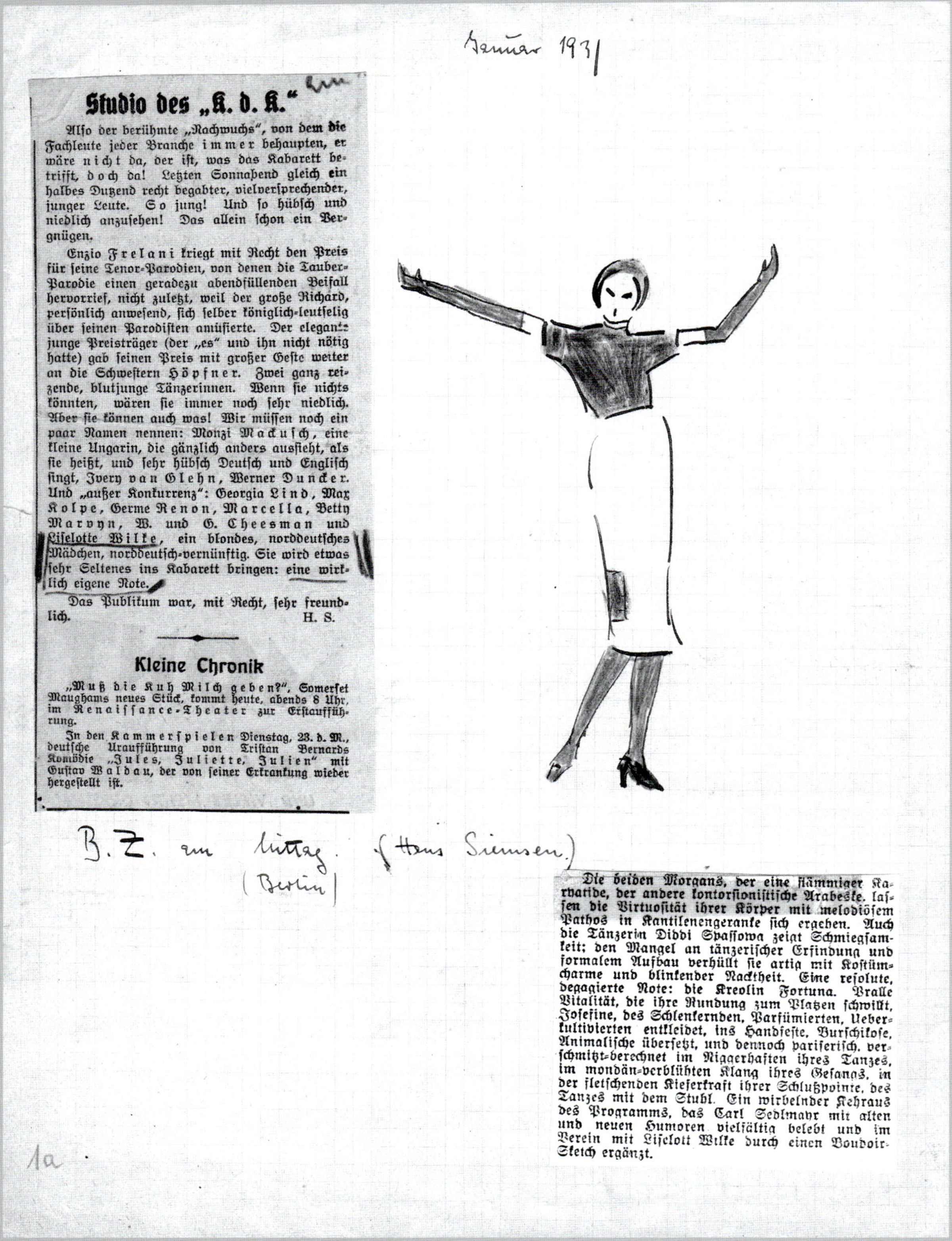

Januar 1931

Studio des „K. d. K."

Also der berühmte „Nachwuchs", von dem die Fachleute jeder Branche immer behaupten, er wäre nicht da, der ist, was das Kabarett betrifft, doch da! Letzten Sonnabend gleich ein halbes Dutzend recht begabter, vielversprechender, junger Leute. So jung! Und so hübsch und niedlich anzusehen! Das allein schon ein Vergnügen.

Enzio Frelani kriegt mit Recht den Preis für seine Tenor-Parodien, von denen die Tauber-Parodie einen geradezu abendfüllenden Beifall hervorrief, nicht zuletzt, weil der große Richard, persönlich anwesend, sich selber königlich-leutselig über seinen Parodisten amüsierte. Der elegante junge Preisträger (der „es" und ihn nicht nötig hatte) gab seinen Preis mit großer Geste weiter an die Schwestern Höpfner. Zwei ganz reizende, blutjunge Tänzerinnen. Wenn sie nichts könnten, wären sie immer noch sehr niedlich. Aber sie können auch was! Wir müssen noch ein paar Namen nennen: Monzi Mackusch, eine kleine Ungarin, die gänzlich anders aussieht, als sie heißt, und sehr hübsch Deutsch und Englisch singt, Ivery van Glehn, Werner Duncker. Und „außer Konkurrenz": Georgia Lind, Max Kolpe, Germe Renon, Marcella, Betty Marvyn, W. und G. Cheesman und Liselotte Wilke, ein blondes, norddeutsches Mädchen, norddeutsch-vernünftig. Sie wird etwas sehr Seltenes ins Kabarett bringen: eine wirklich eigene Note.

Das Publikum war, mit Recht, sehr freundlich.

H. S.

Kleine Chronik

„Muß die Kuh Milch geben?", Somerset Maughams neues Stück, kommt heute, abends 8 Uhr, im Renaissance-Theater zur Erstaufführung.

In den Kammerspielen Dienstag, 23. d. M., deutsche Uraufführung von Tristan Bernards Komödie „Jules, Juliette, Julien" mit Gustav Waldau, der von seiner Erkrankung wieder hergestellt ist.

B.Z. am Mittag. (Hans Siemsen.)
(Berlin)

Die beiden Morgans, der eine stämmiger Karyatide, der andere kontorsionistische Arabeske, lassen die Virtuosität ihrer Körper mit melodiösem Pathos in Kantilenengeranke sich ergehen. Auch die Tänzerin Diddi Spassowa zeigt Schmiegsamkeit; den Mangel an tänzerischer Erfindung und formalem Aufbau verhüllt sie artig mit Kostümcharme und blinkender Nacktheit. Eine resolute, degagierte Note: die Kreolin Fortuna. Dralle Vitalität, die ihre Rundung zum Platzen schwillt, Josefine, des Schlenkernden, Parfümierten, Ueberkultivierten entkleidet, ins Handfeste, Burschikose, Animalische übersetzt, und dennoch pariserisch, verschmitzt-berechnet im Niggerhaften ihres Tanzes, im mondän-verblühten Klang ihres Gesangs, in der fletschenden Kieferkraft ihrer Schlußpointe, des Tanzes mit dem Stuhl. Ein wirbelnder Kehraus des Programms, das Carl Sedlmayr mit alten und neuen Humoren vielfältig belebt und im Verein mit Liselott Wilke durch einen Boudoir-Sketch ergänzt.

1a

Abb. 27
Eine Seite aus der schwarzen Kladde, in die Liselott ihre Kritiken eingeklebt hat.

Rechte Seite, oben:
Abb. 28
Als »Reinhardt-Schülerin« in der Presse.

lieren haben. Neben der sachlichen Auffassung kommt der Künstlerin eine vorzügliche Sprechtechnik zugute, die das Zuhören zu einer angenehmen Beschäftigung macht und sicherlich das Produkt der Reinhardtschen Bühnen-Schulung ist.

Das war eine besondere Auszeichnung, wenn einer Künstlerin eine Reinhardtsche Bühnenschulung attestiert wird. Max Reinhardt gilt noch heute als einer der wegweisenden Regisseure des 20. Jahrhunderts, als eigentlicher Begründer des Regie-Theaters. Er besaß insbesondere das richtige Gespür für die Persönlichkeit des Schauspielers und seiner Höchstleistung und verstand es zudem einzigartig, die Bühne in ein Bild und dieses Bild in Leben zu verwandeln. Für seine Schauspieler war er ein Hexenmeister, dem immer wieder neue Kunststücke gelangen. Wiederholt bezeichnet die Presse Liselott als Reinhardt-Schülerin. Ob sie es je war, lässt sich nicht mehr feststellen. (28)

Auffällig ist, dass Liselott sich überwiegend den Texten und Kompositionen der politisch links orientierten Künstler verschrieben hat, deren Werke im modernen Berlin auf namhaften Bühnen oder im Film Furore machten. Etwa Brecht und Weill, deren *Die Dreigroschenoper* ein Welterfolg wurde, und Hollaender, dessen Chansons *Ich bin von Kopf bis Fuß auf Liebe eingestellt* und *Ich bin die fesche Lola* Marlene Dietrich im *Blauen Engel* 1930 zum Durchbruch als Filmschauspielerin verhalfen.

Das Jahr 1931 begann mit wichtigen privaten Ereignissen: Liselott feiert am 23. März ihren ersten Geburtstag als Künstlerin. Am gleichen Tag wird ihr das Scheidungsurteil zugestellt. Was war passiert? Paul Ernst hatte eine neue Freundin und die war schwan-

Abb. 29
Die Kinder 1931. Links: Björn in Debstedt, einem Dorf bei Bremerhaven, wo Paul Ernst Wilke und mittlerweile auch seine zweite Frau mit dem neugeborenen Kind leben. Mitte: Puppa (Carmen-Litta) in Arosa bei der Schwester Thekla und ihrem Mann. Rechts: Michael in Bremerhaven bei der Großmutter Berta.

ger. Der Maler hatte die Sängerin vorher schriftlich um das Einverständnis zur Scheidung gebeten. Sie war einverstanden und Paul Ernst übernahm den allein schuldigen Part. (Abb. 29)

Im Februar 1931 berichtet Liselott von ihrem ersten Verdienst: 60 Mark für zwei Chansons im Rundfunk. Auch wenn der Lohn mager ist, die Menschen, die sie trifft, sind eine Bereicherung: die Schauspielerin Lotte Lenja (Abb. 31) und ihren Mann, den Komponisten Kurt Weill, den Komponisten Friedrich Hollaender und seine Frau, die Schauspielerin Blandine Ebinger, die Schriftsteller Ernst Toller, Erich Kästner, Walter Mehring, die Schauspieler Hans Albers und Heinz Rühmann.

Im Frühjahr tritt Liselott als Norddeutsch-Herbe im »Ping-Pong« auf, ein neu gegründetes Kabarett, mit einem explizit politischen Programm. Sie ist eine der »drei Damens«, die als der bessere Teil des Programms gelten. Dann heißt es erst einmal Adieu Berlin! Liselott gastiert kurz in Dortmund in der »Jung-Mühle«, im Juni ist sie in Zürich im »Cabaret Mascotte« zu hören.

In den Zürcher Feuilletons wird Liselotte Wilke als »Cabarettistin von modernstem Schlag« bezeichnet, deren Singen nicht gesanglich, »sondern rhapsodisch-expressiv« zu werten sei. Sie singt Armemädellieder, die derbe Ballade von Anna Janssen und ihre »Songs von der Küste«. Ihr Erfolg liegt in einer besonderen Eigenart: »Eine ganz schlichte, durch stereotype Gesten proletarisch betonte Vortragsweise, deren Ursprünglichkeit man sich nur schwer entziehen kann.«

Ihre erste Rolle als Schauspielerin ist eine Hauptrolle in der Komödie *Der Strich durchs Zimmer oder Die Quadratur des Kreises*. Das Stück dreht sich um zwei Liebespaare in der Sowjetunion: Das eine Paar verkörpert die bürgerlichen Ideale, das andere

Abb. 31
Ein Autogramm für Lale von Lotte Lenja. Vielleicht gab sie die Anregung für den Künstlernamen.

Abb. 30
Liselott in Zürich im Juli 1931 mit den aus Deutschland emigrierten Freunden und Schauspielerkollegen Ernst Deutsch (links) und Erwin Kalser (rechts).

Abb. 32
Zürich 1931.

„Der Strich durchs Zimmer“

Kammerspiele in der Mascotte

Ist Liebe ethisch oder unethisch? Ein Problem, das nur in Sowjetrußland blühen kann. Wie wird sich der Dichter Valentin Katajew dazu stellen? Das ist für uns Nichtkommunisten die Frage. Wer seinen — von Alfred Polgar zu einem Pallenberg-Stück umgearbeiteten — Schelmenroman „Die Defraudanten“ kennt, weiß allerdings, daß er sie auf die heiterste, graziöseste und menschlichste Art lösen wird. Die prächtige Komödie „Der Strich durchs Zimmer“ oder „Die Quadratur des Kreises“ belächelt verständnisvoll die kleinen Torheiten ihrer Helden.

Zwei Liebespaare. Aber nur ein Zimmer. Zerbrochene Stühle, eine städtische Gartenbank, ein zerbeulter Ofen und so fort. Wie werden sie darin haushalten? Die Liebe ist groß und das Zimmer klein. Schließlich einigt man sich, es durch einen Kreidestrich zu teilen. Schluß des ersten Aktes: gemeinsamer Tee — glückliches Familienleben. Im nächsten Akt schlägt die Harmonie in Disharmonie um. Links sieht man ein spießiges Abteil mit Wäsche, Kaffeewärmer, Ahnenbildern, Vogelkäfig und anderem, rechts einen unordentlichen, kahlen Schlafraum. Schon sehnt sich der Nachbar links nach der Nachbarin rechts und umgekehrt. Aber jeder glaubt, er sei dem anderen unentbehrlich geworden. Eitle Sorge, die der Autor lächelnd zerstreut, indem er die verwandten Seelen zusammenkuppelt und alles in Glück und Wohlgefallen auflöst.

Eugen Schulz-Breiden fehlt es nicht an der lockeren Hand, dieses famose Stückchen frohbeschwingt zu inszenieren. Seine Wirkung wäre noch tiefer, wenn er es weniger lärmig und dafür mit zart verdeckter Traurigkeit und Sehnsucht spielte. Schlagend das Zimmer links: kleinbürgerliche Ideologie in Reinkultur. Sehr anschaulich geht die Kluft zwischen der alten und neuen Welt bei den Frauen auf. Annemarie Gacke als Vertreterin der bürgerlichen Ideen: gepflegt und knusperig anzusehen, die Backen wie von frischem Wind gebeizt. Entzückend! Zwischen dem blitzblanken Gebiß formt sie liebebedürftig und fraulich-warm die Sorge um den Mann, das Heimweh nach altmodischer Gemütlichkeit. Dazu famos kontrastierend Liselotte Wilke. Die moderne Intellektuelle: mit zerrissenen Strümpfen, Augengläsern auf der Nase, Marx und Engels als geistige Bettgenossen. Die Stimme schneidend scharf und sachlich. Weniger eindeutig kommt der Unterschied bei den Liebhabern heraus. Prächtig stellt Alfred Alten vom Zürcher Stadttheater den gutmütigen, schlampigen Wassja hin: seine verschämte Freude, als er „ein richtiger Gemahl“ wird, die Sorge um das Kanarienvögelchen und das rebellische Gewitter über Ludmillas kleinbürgerlichen Sumpf. Sehr wirkungsvoll, wenn er sich direkt ans Publikum wendet. Nicht so frei bewegt sich Fritz Schmiedel vom Zürcher Schauspielhaus. Er bleibt dem hungerigen Iwan, dem die hübsche Nachbarin den Hosenboden flickt, trotz guten Details persönlich geschnittene Züge schuldig. Höchst munter und lebendig packt Fritz Weiler die Rolle des vollgefressenen Dichters und Nutznießers an.

Das entzückende Lustspiel und die frische Aufführung fanden enthusiastischen Beifall, bekräftigt durch schöne Blumenspenden.

C. Seelig.

Abb. 33 Zeitungsartikel und Abb. 34 Bühnenfoto. Im Zürcher »Cabaret Mascotte« im Juni 1931. Gespielt wird *Der Strich durchs Zimmer*. 2. von rechts Liselott Wilke.

den neuen Typus des Sowjetbürgers. Beide haben gemeinsam nur ein Zimmer zur Verfügung und müssen sich dort arrangieren. Liselott spielt, so die Kritik, »eine moderne Intellektuelle mit zerrissenen Strümpfen, Augengläsern auf der Nase, Marx und Engels als geistige Bettgenossen. Die Stimme schneidend scharf und sachlich.« (Abb. 30, 32, 33, 34)

Auch bei ihrer nächsten Rolle geht es um die Liebe. Der Schwank *Der Mustergatte* hat Witz und Liselott führt ihren Part »schauspielerisch flott und temperamentvoll durch, am besten immer da, wo ihr stark maskulines Spiel sich nicht zu sehr ins Damenhafte wandeln muß.«

Für drei Monate prolongiert Rolf Ronay vom »Mascotte« das junge Talent. Dieser ursprünglich aus der Finanzwirtschaft stammende Terminus bedeutet eigentlich, eine Kreditfrist zu verlängern. Und in der Tat, auch für Liselott wurde die »Überlebensfrist« wieder einmal verlängert.

Abb. 35 und 36
Liselott sommerlich sportlich an der Côte d'Azur.

DAS ORGAN / Nr. 1197 7. November 1931

Der Nachwuchs / Neue Serie

2. Liselotte Wilke

„Liselotte Wilke, ein blondes, norddeutsches Mädchen, norddeutsch-vernünftig. Sie wird etwas sehr Seltenes ins Kabarett bringen: eine wirklich eigene Note. Sie ist das, was man ‚herb‘ nennt. ‚Ein Mädel mit Hoffnung auf morgen, aber ein Mädel — mit Stolz,‘ singt sie, und es paßt wunderbar zu ihr.“
So schrieb Hans Siemsen in der Kritik der „B. Z.“ über das lange, schlaksige, immer lächelnde Mädchen, das erst vor zwei Jahren nach Berlin gekommen ist.

Liselotte Wilke

Das Mißgeschick dieser zwei vergangenen Jahre können sie besser zeichnen als der Erfolg, in dem sie jetzt steht.
Das Deutsche Künstlertheater entließ sie, weil sie während zweier Auftritte ins nahe gelegene Kino ging und über die Begeisterung am Film den zweiten Auftritt vergaß.
Die Ufa entzog ihr die erste Rolle, weil sie einen alten Komparsen, dem ihrer Ansicht nach Unrecht geschehen war, mit solcher Entrüstung gegen die ganze Produktion verteidigte, daß es unliebsames Aufsehen erregte.
Das Stück, in dem sie mit starkem persönlichen Erfolg die erste Hauptrolle spielte — man glaubte also schon, jetzt hat sie es erreicht —, wurde vom Publikum rücksichtslos ausgepfiffen.
Die Wilke aber ließ sich die „Hoffnung auf morgen“ nicht nehmen. Sie kam immer wieder und versuchte solange, bis der Sprung gelang.
Dann brachte sie Willi Schaeffers einmal im Studio des Kabaretts der Komiker heraus. Sie sang hier Hafenchansons und Matrosenlieder. Immer mit eigener Note, immer herb und mit primitivem Ausdruck in Ton und Geste, aber mit Temperament. Im Kabarett der Komiker gefiel sie sehr. Und als dann das Nachwuchs-Kabarett Ping-Pong eröffnete, war Liselotte Wilke neben Ilse Trautschold „Attraktion“ dieser kleinen, bescheidenen Bühne. Im Matrosenanzug sprang sie auf den Flügel, sang ihre Hafenlieder und hatte den größten Erfolg.
Ueber Dortmund, „Jungmühle“, kam sie dann nach Zürich, wohin sie Rolf Ronay, der immer den richtigen Blick für den Nachwuchs hat, sich holte. Die Wilke war hier im „Mascotte“ der Erfolg des Maiprogramms und Ronay prolongierte sie bis Juni. Daneben spielte sie die Hauptrolle in „Quadratur des Kreises“.
Von Zürich ging es nach Paris und Marseille, wo sie neue Hafensongs und Matrosenlieder in französischer Sprache studierte, um sie in dieser Saison als neues Kabarettrepertoire zu verwenden.
Jetzt sitzt sie wieder in Berlin und weiß nicht, was sie annehmen soll. Viele Angebote liegen da: Theater, Kabarett und Film. Provinz und Berlin. Sie überlegt noch, denn sie hat viel in Aussicht. Hier in Berlin hat man doch immer „in Aussicht“.
Aber Liselotte wird's schon zu etwas bringen. Theater und Kabaretts werden sich bald um sie reißen, denn sie ist Nachwuchs, wie er gebraucht und gesucht wird. — api —

Abb. 37
Die Presse wird aufmerksam.

Nach Ende der Spielzeit reist die Künstlerin nach Frankreich, um Lieder in französischer Sprache einzustudieren. (Abb. 35, 36) Im Spätsommer 1931 kehrt sie nach Berlin zurück, singt Walter Mehrings Chanson *Die kleine Internationale* und wird im November für *Mahagonny* engagiert. Im gleichen Monat erscheint in *Das Organ* ein größerer Artikel über sie in der Serie »Der Nachwuchs«. (Abb. 37)

KURFÜRSTENDAMMTHEATER

PERSONEN

Sprecher	Albert Hoerrmann
Leokadja Begbick	Trude Hesterberg
Willy, der „Prokurist“	Maris Wetra
Dreieinigkeitsmoses	Franz Forrow
Jenny Hill	Lotte Lenja
Johann Ackermann	Harald Paulsen
Jacob Schmidt	Albert Peters
Heinrich Gabler, genannt Sparbüchsenheinrich	Silvio Carli
Josef Lettner, genannt Alaskawolfjo	Heinrich Gretler
Tobby Higgins	Albert Peters
7 Mädchen von Mahagonny	Elis Altmann Irmgard Bätge Leni Ginzberg Elena Gorina Gerda Kuntzsch Hilde Rosenthal Liselott Wilke
Die Männer von Mahagonny	Alexander — Baltruschat Bommert — Dienstag Dornis — Frank Golland — Gordon Henin — Holzknecht Lewinski — Ploch Richrath — Sachs Stein — Steinfeld Tilgner — Vermehren

Abb. 38
Programm des Theaters am Kurfürstendamm.

Im November 1931 hat Liselott die Chance, in der Oper *Mahagonny* von Brecht und Weill im Theater am Kurfürstendamm aufzutreten. (Abb. 38) *Mahagonny* beschreibt das Leben in einer imaginären, pseudo-amerikanischen Goldgräberstadt, ein modernes Sodom und Gomorrah, in dem Habgier, Gewalt, Sex und Suff regieren. Die Kritik an einer kapitalistischen Gesellschaft, die solche Opern nötig hat.

Als eines von sechs Mädchen in *Mahagonny* ist Liselotts Rolle bescheiden und die Gage entsprechend gering: nur 10 Mark. Aber sie ist dabei. Trude Hesterberg spielt die Witwe Begbick und Lotte Lenja Jenny Hill. Gemeinsam mit Jenny Hill singen die Mädchen den Text: »Oh show us the way to the next wiskey bar ... Oh moon of Alabama, we now must say good-bye. We've lost our good old mama ...«

Der Anfang ist gemacht, das erste Jahr auf der Bühne bestanden. Eine gesicherte Existenz liegt noch in weiter Ferne, die Zukunft ist offen, die Geldsorgen bedrückend. Liselott wohnt bei Freunden, da die Mittel für eine eigene Wohnung fehlen.

Die Jahre 1932 und 1933 bringen neue, interessante Engagements und zwei wichtige menschliche Begegnungen, die das Leben der Sängerin entscheidend prägen werden. In dieser Zeit verändert sich ihr Künstlername in Lale Andersen-Wilke. Unter diesem

Abb. 39
Anfang 1933.

Namen wird sie in Garmisch-Partenkirchen am 3. Januar 1933 angekündigt. Vom 1. bis 10. Januar verbringt sie dort ihren Skiurlaub als Gast im Park-Hotel Alpenhof, in dessen Casino sie einen Chansonabend gibt. In der Gästeliste des Hotels steht: Wilke, Frau Liselotte, Schauspielerin, Berlin. Das Stuttgarter »Excelsior« kündigt sie im März 1933 mit Lale Wilke an. (Abb. 39)

1932 ist Liselott hauptsächlich unterwegs: Zürich: Sedlmayrs Kabarett »Metropol« von Februar bis März; Berlin: »Groschen-Keller«, Eisbeinessen mit Unterhaltung von Liselott Wilke; Bielefeld: Langes »Künstlerspiele«; Chemnitz: »Libelle«; Köln: »Kaiserhof«; Norderney, wieder Düsseldorf, Aachen: »Tabaris« (Abb. 24); Münster: »Stadthotel Freudiger«; Berlin: »Willi Schaeffers Kabarett für Alle« und »Theater am Bülowplatz«; Breslau: »Schipinski-Kabarett« und im Dezember München: »Hofgartenspiele Annast«. In zwölf Monaten hat sie Auftritte in elf verschiedenen Städten – eine stolze Bilanz. (Abb. 43) Zu ihrem Repertoire gehören unter anderem die Chansons *Seemanns Schnadahüpf'ln*, *Zweimal Sehnsucht* und *Der tätowierte Mann*. (Abb. 44)

Die Zeitungen schreiben wenig Neues über sie. Es scheint, als hätte der eine vom anderen abgeschrieben. Zumeist geht es um die Blonde von den Reinhardt-Bühnen oder es ist von dem schmalhüftigen Friesenmädchen die Rede, das mit salzluftgedörrter Stimme von Liebe, Meer und Abschied singt und damit großen Anklang findet. (Abb. 40)

Während sich die Künstlerin Stück für Stück die Kabarettbühnen Deutschlands erobert, verschlechtert sich die Situation des geschiedenen Ehemannes zunehmend. Paul Ernst Wilke kann weder die Alimente bezahlen noch sein Haus in Debstedt halten. Es wird gepfändet. Mit seiner zweiten Frau und Kind sucht er Zuflucht auf der Insel Helgoland. Björn, der Sohn aus erster Ehe, muss in ein Kinderheim. Die Tochter Carmen-Litta ist nach wie vor bei der Tante, der Theda-Mutti, die mit ihrem Mann in die Schweiz übergesiedelt war. Michael zieht vorübergehend zu seiner Mutter nach Berlin, begleitet sie auf Gastspielen, wird dann aber ebenfalls in einem Kinderheim untergebracht. Das muss Liselott allein bewältigen und finanzieren.

In diesem turbulenten, anstrengenden Jahr 1932 lernt sie im Berliner »Groschenkeller« in der Kantstraße den Pianisten Frank Norbert kennen. Dessen bürgerlicher Name lautet Norbert Schultze. Er wird in die Geschichte eingehen als Komponist der erfolgreichen Fassung von *Lili Marleen*. Aus seiner Feder stammt aber auch die Musik für zahlreiche NS-Kriegsfilme, Marsch- und Durchhaltelieder wie *Bomben auf Engelland* und *Führer befiehl! Wir folgen*.

In seinen Lebenserinnerungen berichtet Schultze von seiner Scham und seinem Schuldgefühl. Nicht alle jedoch waren von seiner Reue überzeugt. »Du hast den Teufel am Hintern geküsst. Das wischt Dir keiner mehr ab. Dein Richard«, so beantwortet Richard Révy, Regisseur der Münchner Kammerspiele, der 1938 aus Abscheu vor den Nazis in die USA emigriert war, nach dem Krieg Schultzes Hilfegesuch.

Tabaris

AACHENS SENSATION

Gastspiel

Liselott Wilke

von den Reinhardt-Bühnen, Berlin

Begeisterte Pressel

Begeistertes Publikum!

Abb. 40
Die erste Karikatur: eine Bleistiftzeichnung von Adolf Hoffmeister, Ende September 1932 bei ihrem Gastspiel in Münster.

Abb. 41 und 42
Liselott Wilke gastiert im »Tabaris« in Aachen und singt die Ballade von der Anna Jannssen, September 1932.

Linke Seite:
Abb. 43
Liselott 1931.

Rechte Seite:
Abb. 44
Das Repertoire von
Lale Andersen-Wilke.

Linke Seite:
Abb. 45
Die Schauspielerin Liselott
Wilke 1932.

Rechte Seite:
Abb. 46
Eine Aufnahme aus dem
Jahr 1933.

1932 aber ist Schultze noch ein Unbekannter, der Liselott aus Verehrung ein kleines Chanson schenkt, die Vertonung von Walter Mehrings *Die kleine Stadt*. Als 90-jähriger wird er berichten, dass Lale seine erste Liebe gewesen sei, die ihn aber sehr enttäuscht hätte.

Während Liselott Wilke 1933 im Zürcher Schauspielhaus in Friedrich Hollaenders Revue »Höchste Eisenbahn« auftritt, dann mit ihrem ersten eigenen Programm »Chansons 1933« im Studio Fluntern gastiert (Abb. 2/29) und dort der Liebe ihres Lebens begegnet, bricht in Deutschland mit der Übergabe der Macht an Adolf Hitler am 30. Januar 1933 die Demokratie zusammen.

Verfolgung politisch Andersdenkender, Gleichschaltung der Gewerkschaften, Erlasse gegen Bürger jüdischen Glaubens, Bücherverbrennung – so beginnt der nationalsozialistische Terror, dessen Gewaltherrschaft und Völkermord sich mit dem Begriff »Auschwitz« in das Gedächtnis der Menschen eingebrannt hat.

Viele Komponisten und Schriftsteller sind in Deutschland nicht mehr sicher, da sie politisch eine andere Meinung vertreten oder weil sie jüdischen Glaubens sind. Darunter sind auch die Komponisten und Autoren ihres Programms »Chansons 1933«: Bertolt Brecht, Kurt Tucholsky, Erich Kästner, Friedrich Hollaender und Kurt Weill. Tucholsky, der seit 1929 überwiegend in Schweden lebt, wird 1933 ausgebürgert, seine Bücher verboten und verbrannt wie die von Hunderten anderen. Brecht, Holländer und Weill flüchten – zum Teil durch mehrere Länder und Kontinente – bis sie Amerika erreichen. Kästners Bücher, ebenso wie die von Brecht, werfen die Nazis auf den Scheiterhaufen. Kästner emigriert nicht, er kann aber nur noch im Ausland publizieren.

Die brennenden Bücher sind das Fanal, mit dem das größte Kulturschisma des zwanzigsten Jahrhunderts begann. Der verkrachte »Kunstmaler« Hitler und seine kriminellen Komplizen setzen die kulturellen Maßstäbe für ganz Deutschland fest und vertreiben und ermorden alle, die sich nicht ein- beziehungsweise unterordnen.

In der Schweiz, wohin Liselott ihren verfolgten Freunden und Künstlerkollegen nachgereist war, kann sie ihre Chansons noch singen, in Deutschland hingegen muss sie sich den Vorgaben der Reichskulturkammer beugen.

Folgt man ihrer schwarzen Kladde, dem Tagebuch ihrer Karriere, gestaltet sich das Jahr 1933 so: Chemnitz: »Tanzpalast Libelle«, dann Stuttgart, Wiesbaden, Zürich, Düsseldorf und schließlich im Juni Hamburg: »Kaffeehaus Vaterland«. Erst im November und im Dezember finden sich wieder Rezensionen von Auftritten in Zürich: »Studio Fluntern«, »Chansons 1933« und im Dezember eine bescheidene Rolle in der Hollaender-Revue »Höchste Eisenbahn«. Doch was war in der Zeit zwischen Juni und November?

Liselott hat einen weiteren »Schwerpunkt« und der heißt: Rolf Liebermann – ihre große Liebe. Mit ihm unternimmt sie eine Reise nach Spanien.

Liselott Wilke
singt Chansons mit einem Scharm ganz besonderer Art In einem eigenen Vortragsabend, betitelt «Chansons 1933» trat kürzlich die in Zürich bereits bestens bekannte norddeutsche Schauspielerin als ganz famose Cabarett-Sängerin auf. Wir freuen uns, die junge sympatische Künstlerin in der demnächst stattfindenden Holländer-Revue-Premiere «Höchste Eisenbahn» im Zürcher Schauspielhaus wieder zu sehen.

Abb. 47
Das erste eigene Programm 1933 im Studio Fluntern in Zürich.

STUDIO FLUNTERN
Gloriastrasse 100

II. Platz: Fr. 2.—

Mittwoch, den 8. November, $20^1/_4$ Uhr

CHANSONS 1933
LISELOTT WILKE

Am Flügel: TIBOR KASICS

PROGRAMM

I. Aus „Mahagonny“ und „Dreigroschen-Oper“

„Surabaya-Johnny“	Brecht / Weill
„Lied der Jenny“	
„Seeräuber-Jenny“	
„Bilbao-Song“	

II. Erfüllungsort Berlin

„Besuch vom Land“	Kästner / Wilke
„Du träumst wohl, Junge“	Kolpe / Holländer
„Käte“	Tau / Tau
„Wenn die Igel in der Abendstunde“	Tucholsky / Eisler
„Madeleine“	Schulz / Grabowsky
„Erinnerung an die Marie A.“	Brecht / Wilke

III. Hafenlieder

„Min Jehan“	Groth / Groth
„Paul“	Bry / Bry
„Der Priem“	Tucholsky / Goehr
„Ach Gott, Charly“	Schulz / Grabowsky
„Geseires einer Aftermieterin“	Ringelnatz / Singer
„Ballade von der Anna Jannssen“	Schulz / Grabowsky
„Seemannslied in drei Farben“	Bry / Bry

IV. Happy end

Vorverkauf: Bücherstube Dr. Oprecht & Helbling, Rämistrasse 5

Stube & Horlsberger, Zürich

Der Schweizer Bürgersohn und Neffe des berühmten Malers Max Liebermann ist 1933 noch ein unbekannter Komponist. Er wird einmal von 1959 bis 1973 die Hamburger Staatsoper leiten und von 1973 bis 1980 als Generalintendant die Pariser Opernhäuser leiten. »Für Rolf« lautet die Widmung in Lale Andersens autobiografischem Roman *Der Himmel hat viele Farben*.

Liebermann, der Vergleich drängt sich auf, ist ebenso wie Paul Ernst Wilke ein überaus gut aussehender, charmanter Mann, zudem fünf Jahre jünger als die 28-jährige Liselott. Es findet sich in *Der Himmel hat viele Farben* eine aufschlussreiche Passage, in der die Künstlerin die Ähnlichkeit der beiden Männer formuliert:

Er begann, sich in der Wohnung umzusehen. Sein Körper hatte die Vollkommenheit einer griechischen Statue.

»Einssiebenundachtzig?«

»Einssechsundachtzig«, Mendelson [Liebermann, d. V.] unterbrach seinen Spaziergang, »wieso ein so gekonntes Augenmaß?«

»Ich hatte das gleiche Format schon mal und auch –.«

Ich wollte ihn nicht kränken und schluckte herunter, was mich, nachdem ich mir das von Toscanini angehört hatte, noch zusätzlich an den Maler erinnerte.

Was ich mir von Toscanini angehört hatte: damit spielt Lieselott auf eine Begebenheit an, in der Liebermann auch eine mentale Ähnnlichkeit zu Paul Ernst zeigen sollte. Aufgrund einer falschen Information einer Kollegin hatten sich die beiden Liebenden in der Schweiz verfehlt. Liselott war ins Tessin abgereist und Liebermann machte sich umgehend auf den Weg, sie in Ascona zu suchen. Da er die Geliebte nach zehn Tagen immer noch nicht gefunden hatte, folgte er kurz entschlossen seinem Idol Toscanini ein halbes Jahr lang von einem Konzert zum anderen – so lange bis sein ererbtes Geld aufgebraucht war. Lale resümiert: »Wieder einmal an einen mittellosen Phantasten geraten ...«

Sie konnten zueinander nicht finden – wie die Liebespaare der Weltliteratur: Tristan und Isolde, Romeo und Julia, Hero und Leander –, so klingt es in der Autobiografie immer wieder an. Die Künstlerin ist zu keiner Entscheidung fähig. Sie fragt sich, ob sich Kinder, Beruf und Ehemann miteinander vereinbaren lassen, ob ihre eigene Kraft überhaupt dafür ausreichen würde. Auch kann sie sich den jungen, ambitionierten Komponisten nicht als Gatten vorstellen. Zu all dem fürchtet sie, dass die Geldnot, in der sie sich beide permanent befinden, noch einmal ihre Liebe zunichte machen würde. An die Aufgabe ihres Berufes war schon aus finanziellen Gründen nicht zu denken. Ihre Tochter war bei der Schwester und ihrem wohlhabenden Mann zwar gut versorgt, doch für die Söhne mussten die Kosten in den Kinderheimen aufgebracht werden. Von Auftritten ausschließlich auf Schweizer Bühnen konnte sie sich kaum ernähren. Die Konkurrenz war bei der Flut der aus Deutschland emigrierten Künstlerinnen und Künstler zu groß. Und so musste Liselott weiterhin in Deutschland auftreten.

Die Entscheidung für eine Ehe mit Liebermann, die sie offensichtlich überfordert, wird ihr von der Schweizer Fremdenpolizei »abgenommen«. Im Dezember 1935 ver-

Abb. 48
Ein Liebespaar: Lale Andersen und Rolf Liebermann.

hängt die eidgenössische Fremdenpolizei eine Einreisesperre. Die Behörden sind der Ansicht, dass es sich bei Frau Wilke um eine »zügellose Person« handelt, die, so ist es dem Polizeibericht zu entnehmen, »in sittlicher Hinsicht kein einwandfreies Leben führt«. 1933, im Zuge der Aufenthaltsbewilligung für ihren Stellenantritt am Schauspielhaus, hatte die städtische Fremdenpolizei einen Bericht gefertigt, in dem es unter anderem heißt:

Wie Berichterstatter bei der Rubrikatin vorgesprochen, ist zufällig ein Galan derselben in ihrem Zimmer (Mühlebachstr. 28) erschienen. Diesem wurde der Name abgenommen. Er heisst: Liebermann, Wolf (!), gb. 14.IX.1910, von Zch., ledig, wohnh. Doltertal 27, dahier. Die beiden erklärten hierauf, dass sie ein Freundschafts-Verhältnis unterhielten. Fast machte es den Anschein, wie wenn sich die Petentin in hier als Maitresse oder dergl. einrichten möchte.

Als 1935 die Baugenossenschaft »Wettingerwies« der Fremdenpolizei mitteilte, dass Frau Wilke den Mietzins für ihre Wohnung an der Promenadengasse in Höhe von 250,- sFr. schuldig geblieben sei und ein Herr Goldschmidt, Besitzer eines Bekleidungsgeschäftes, durch Frau Wilke ausstehende Schulden in Höhe von 154,- sFr. angab, erwirkte die Fremdenpolizei die Einreisesperre, die jedoch nicht konsequent eingehalten wurde. Die Künstlerin ist 1936, unter anderem um ihre Tochter in Küsnacht zu besuchen, wieder eingereist. Über diesen Zeitpunkt hinaus gibt es keine Eintragungen. Erst 1949, als sie Artur Beul heiratet, befasst sich die städtische Fremdenpolizei mit der Eheschließung, da die Annahme besteht, dies sei eine »Scheinehe«, geschlossen um das Schweizer Bürgerrecht zu erhalten.

In ihrer literarischen Autobiografie schreibt die Andersen, dass ihr die Verlängerung der Aufenthaltsgenehmigung verweigert wurde, weil sie kein Engagement in der Schweiz nachweisen konnte. In dieser Situation hätten sie und Liebermann die Eheschließung erwogen:

Am nächsten Morgen saß ich Hirschfeld [dem Intendanten des Schauspielhauses, d. V.] in seinem winzigen Schauspielhausbüro gegenüber. »Robert [Rolf, d. V] möchte, dass wir in Ascona heiraten. Er ist heute Morgen vorausgefahren, um alles vorzubereiten. Und dich und Kalser möchten wir bitten, unsere Trauzeugen zu sein.«

Hirschfeld ...: »Bist du dir im klaren darüber, was es bedeutet, in dieser Zeit einen jüdischen Namen zu tragen und dass du und deine Kinder, solange es einen Hitler gibt, nicht nur nicht nach Deutschland zurückkehren könnt, sondern euch freiwillig in den Flüchtlingsstrom der Verfolgten und Gehassten begebt? Wer garantiert uns, dass dieser Mensch, wenn er sein Militär und seine Generale einsatzbereit hat, neutrale Grenzen

Abb. 49
Rolf Liebermann vertonte für Lale Andersen das Gedicht *Der Sauerampfer* von Joachim Ringelnatz.

respektiert? Hast Du mal die Zeitung Stürmer *gelesen? Tu es. Dann weißt Du, was auf nichtarische Menschen zukommt.«*

Eine Chance, legitim an der Seite von Rolf Liebermann zu bleiben, sieht sie nicht.

Fortan schreiben sich die beiden Briefe. Erst 1945 sehen sie sich wieder – an der deutsch-schweizerischen Grenze, am Bodensee. Wie der Komponist in einem Interview rückblickend berichtet, standen sich zwei völlig fremde Menschen gegenüber. Die Liebe zu Lale, zu der Frau, die ihn, den Bürgersohn, mit antifaschistischen Texten bekannt gemacht hatte, für die er seine ersten Noten zu einem Gedicht von Ringelnatz zu Papier gebracht hatte, war über der Zeit verloren gegangen. (Abb. 48, 49)

Ihren autobiografischen Roman wird Lale Andersen mit dem melodramatischen Ende dieser Liebe schließen lassen:

Nachtwind trägt mir Roberts [Rolfs, d. V.] Stimme nach. »Wenn Du auf deine Laterne setzt, setzt Du bestimmt richtiger als auf mich«, verstehe ich noch und dann, schon weit fort, zerrissen von einem Möwenschrei, geplatzt wie eine im Nachtwind verirrte Seifenblase: »Ach, Wilki.«

Im wirklichen Leben hat er sie gefragt, ob sie glaube, man könne die Zeit ungeschehen machen.

Die Briefe von Rolf Liebermann und Lale Andersen werden 1997 im Berliner Auktionshaus Bassenge versteigert. Für 3000,- DM erhält die Akademie der Künste den Zuschlag. Im Auktionskatalog sind einzelne Passagen abgedruckt. In einem Brief vom

Abb. 50
Die Künstlerin Mitte der 30er Jahre.

24. April 1946 schreibt Liebermann an Lale aus Zürich auf dem Geschäftspapier des »Schweizerischen Rundspruchs«:

Schon vor Monaten stellte ich Dich bei Radio Hamburg fest – die Stimme klang unverändert, das heisst Du hattest noch immer keine. Aber sex-appeal wie 12 unmündige Negerinnen. Wenn Dir diese Tatsache Zeit lässt, dann schreib mir doch direkt ein Wort ...

1972 schreibt Rolf Liebermann an die schwer kranke Lale: »Ich hab' Dich schon wahnsinnig geliebt. Ich spürs jetzt wieder.«

Rolf Liebermann und Paul Ernst Wilke haben eine weitere Gemeinsamkeit: ihrer Liebe folgt die Freundschaft bis zum Tod.

Lale Andersen

1934 und 1935 versucht sich Liselott Wilke noch einige wenige Male in kleineren Rollen als Schauspielerin, so in der Komödie *Towarisch*, in Shakespeares *König Richard der Dritte* (Abb. 51) am Zürcher Schauspielhaus und in den Münchener Kammerspielen in dem Schwank *Ihr erster Mann* mit Heinz Rühmann. (Abb. 52) Danach ist es mit der Schauspielerei endgültig vorbei. Mit dem Singen hat sie wesentlich mehr Erfolg. Im Herbst 1934 taucht erstmals der Name Lale Andersen in der Presse auf.

Im traditionsreichen, über die Landesgrenzen hinaus bekannten, Münchener Kabarett »Simplicissimus« tritt Lale im Januar 1935 auf. (Abb. 53) »Glückliche Simpl-Zeit«, steht unter dem Foto, das sie gemeinsam mit dem Simpl-Wirt Theo Prosel zeigt. Hier singt sie dann 1937/38 zum ersten Mal *Lili Marleen* in der Vertonung von Rudolf Zink.

Immer häufiger ist die junge Sängerin im Radio zu hören. Am 25. Februar zum Beispiel in der Abendsendung »Freut euch mit uns« des Stuttgarter Rundfunks mit »Schlagerliedern« oder in der Berliner Sendung »Und jetzt ist Feierabend«.

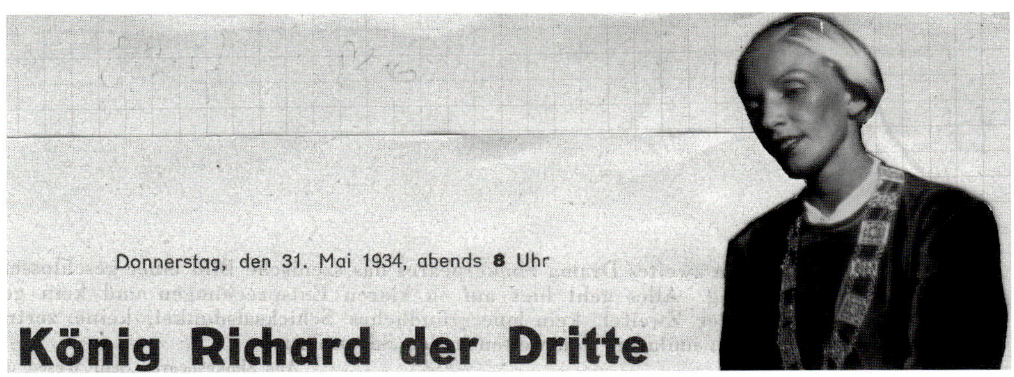

Abb. 51
Eine kleine Rolle in Shakespeares *Richard III.* am Zürcher Schauspielhaus 1934.

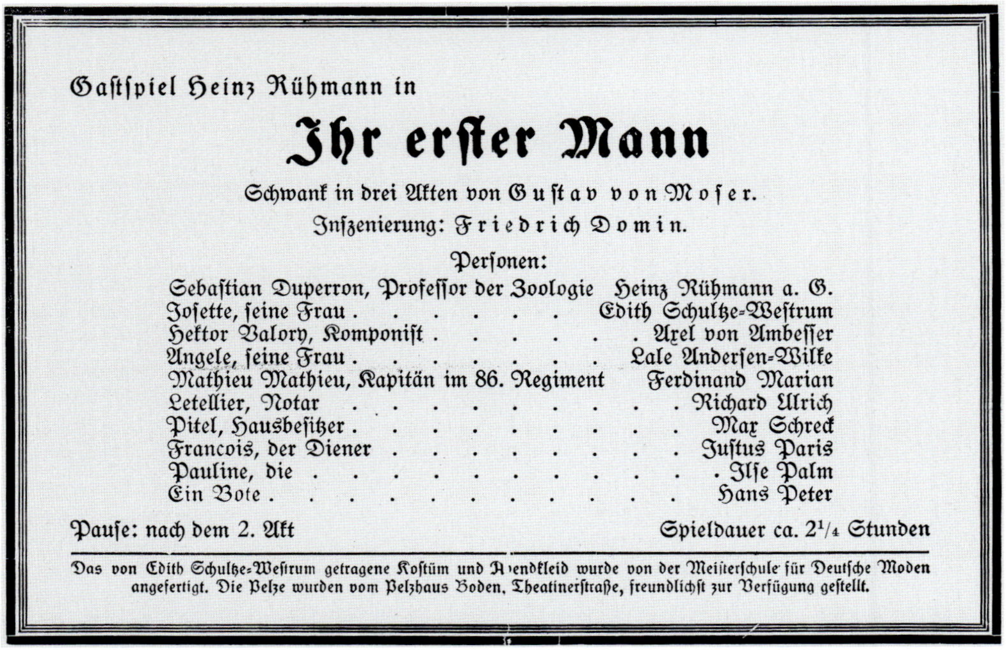

Gastspiel Heinz Rühmann in

Ihr erster Mann

Schwank in drei Akten von Gustav von Moser.

Inszenierung: Friedrich Domin.

Personen:

Sebastian Duperron, Professor der Zoologie	Heinz Rühmann a. G.
Josette, seine Frau	Edith Schultze-Westrum
Hektor Valory, Komponist	Axel von Ambesser
Angele, seine Frau	Lale Andersen-Wilke
Mathieu Mathieu, Kapitän im 86. Regiment	Ferdinand Marian
Letellier, Notar	Richard Ulrich
Pitel, Hausbesitzer	Max Schreck
Francois, der Diener	Justus Paris
Pauline, die	Ilse Palm
Ein Bote	Hans Peter

Pause: nach dem 2. Akt — Spieldauer ca. 2 1/4 Stunden

Das von Edith Schultze-Westrum getragene Kostüm und Abendkleid wurde von der Meisterschule für Deutsche Moden angefertigt. Die Pelze wurden vom Pelzhaus Boden, Theatinerstraße, freundlichst zur Verfügung gestellt.

Abb. 52
Münchener Kammerspiele 1935, Lale Andersen-Wilke und Heinz Rühmann gemeinsam auf der Bühne.

Abb. 53
Lale mit dem Simpl-Wirt Theo Prosel, »Glückliche Simpl-Zeit«.

Sie tourt weiter durch die deutschen Kabaretts, die Anzahl der Auftrittsorte ist allerdings geringer als in den Jahren zuvor. Im Berliner »Wintergarten« steht sie im Matrosenanzug im Mai 1935 auf der Bühne und erheitert das Publikum als »Nordseekrabbe«.

Abb. 54
Eine Aufnahme aus dem Jahr 1934.

Abb. 55
Lale im »Matrosenanzug«. Der Berliner Wintergarten kündigt sie mit diesem Foto als »Nordseekrabbe« an.

(Abb. 55) Das Wiesbadener Film- und Varieté-Theater kündigt Lale Andersen-Wilke als »Die Nordsee persönlich« an.

Danach vollzieht sich eine sichtbare Wandlung der Lale Andersen. Sie passt sich zunehmend den nationalsozialistischen Idealen und Inhalten an – von den Liedtexten

Abb. 56
Die aparte Künstlerin 1935 in München.

und Komponisten über den Frauentyp bis hin zur Garderobe. Der kecke, freche Matrosenanzug, mit dem die emanzipierte Sängerin aufs Klavier gesprungen war, geziemt sich nicht für eine Frau, die im Nationalsozialismus als Sängerin überleben will. Aus der aparten jungen Künstlerin, wie sie 1935 unter dem Titel »Frauen in München« abgebildet ist, wird 1938 eine brave, weiblich-mütterliche, nordische Sängerin. Im weiten, weißen Norwegerkleid mit neuer Frisur entspricht sie dem nationalsozialistischen Frauenbild. (Abb. 56)

Dass sie sich einordnen musste, um in der NS-Diktatur Geld zu verdienen, ist eindeutig, was sie dabei empfunden hat, ist schwer nachzuvollziehen. Sie selbst gestand ein, dass sie eigentlich eine erschreckende Beziehungslosigkeit zum Zeitgeschehen hatte.

Natürlich ist Lale Andersen keine Antisemitin. Zu ihrem Freundes- und Kollegenkreis in Berlin und Zürich gehören viele Deutsche und Schweizer jüdischen Glaubens. Ihre Vorliebe für die linken, oftmals jüdischen Schriftsteller und Komponisten ist unübersehbar. Wie sie mit der täglichen Ausgrenzung, der Verfolgung und Verdrängung der Deutschen jüdischen Glaubens aus dem öffentlichen Leben umgegangen ist, wissen wir nicht.

Diese emanzipierte Frau kann auch allein schon vor ihrem Lebenshintergrund – geschieden, wechselnde Partner, die Kinder auf Kinderheime und die Schwester verteilt – dem nationalsozialistischen Frauen- und Mutterbild keine Sympathie entgegengebracht haben.

Abb. 57
Lale Andersen 1938 im Norwegerkleid.

Abb. 58
Eine Aufnahme aus dem Jahr 1939 – ganz dem nationalsozialistischen Frauenbild angepasst.

Dass sie keine überzeugte Nationalsozialistin war, das haben auch die Machthaber gemutmaßt.

Lale Andersen musste singen, um ihre Existenz und die ihrer Kinder zu sichern. Ihre grenzenlose Leidenschaft gehörte der Bühne – und das war das Wichtigste. Die Schweiz als Zufluchtsort schied aus. Politisch war die Andersen eher indifferent und naiv, wie viele Sängerinnen und Sänger der Zeit.

Was wäre wohl aus Lale Andersen geworden, wenn die Verhältnisse andere gewesen wären? Nun singt sie: *Der Junge an der Reling*, *Liebeslied am Hafen*, *Backbord ist links* und *Heinemann* (*Der kleine Seemann*) (Abb. 57) in Radio und Fernsehen, im Berliner »Kabarett der Komiker«, das im Gegensatz zu vielen anderen kulturellen Einrichtungen weiterhin geöffnet bleibt, auf Veranstaltungen der Deutschen Arbeitsfront sowie der Nationalsozialistischen Gemeinschaft (NSG) »Kraft durch Freude«. Am Klavier und auch im Leben begleitet sie in diesen Jahren Karl Friedrich (auch: Fritz) Pasche, den sie Paschi nennt.

1939 kommt das *Lied eines jungen Wachtpostens* als Electrola-Schallplatte in der Vertonung von Norbert Schultze heraus, ohne große Beachtung zu finden.

In diesem Jahr ist sie eine von drei Künstlern, die beim Empfang von Dr. Ley, dem Leiter der Deutschen Arbeitsfront, im NS-Gemeinschaftshaus »Kraft durch Freude« das Abendprogramm gestalten. (Abb. 59)

Den vorerst letzten Sommer in Friedenszeiten verbringt Lale Andersen auf der Insel Norderney mit ihren drei Kindern und Fritz Pasche. (Abb. 58, 60)

Empfang bei Dr. Ley

Festabend im NS-Gemeinschaftshaus „Kraft durch Freude"

In das schöne repräsentative NS-Gemeinschaftshaus „Kraft durch Freude" in der Tiergartenstraße hatten am Dienstagabend Dr. Robert Ley und Frau Inga Ley zu einem festlichen Empfang geladen.

Zahlreiche Männer des Diplomatischen Korps, der Partei und des Staates waren mit ihren Damen der Einladung gefolgt, um mit dem Reichsorganisationsleiter der NSDAP und seiner jungen Gattin einige Stunden in ungezwungener, behaglicher Geselligkeit zu verbringen.

Es waren erschienen: Der italienische Botschafter Exz. Attolico, der spanische Botschafter Exz. Marqués de Magaz, der Botschafter von Polen Exz. Lipski, der Botschafter von China Exz. Chen Chieh, die Gesandten von Ungarn, Schweden, Rumänien, Portugal, Tschecho-Slowakei, von Iran von Mandschukuo und zahlreiche Geschäftsträger.

Partei und Staat vertraten: Reichsarbeitsminister Seldte, Reichsleiter Bouhler, Stabschef Lutze, die Staatssekretäre Körner, Reinhardt, Krohn, Nagel, Muhs, Dr. Syrup, der Generalinspektor für das deutsche Straßenwesen SA-Obergruppenführer Prof. Dr. Todt, Berlins Oberbürgermeister und Stadtpräsident Dr. Julius Lippert, Berlins Polizeipräsident Graf Helldorff, SA-Obergruppenführer Herzog, SS-Obergruppenführer Weinreich und vom Reichsarbeitsdienst die Generalarbeitsführer Busse und Freiherr von Löffelholz.

Wie immer bei den Empfängen im NS-Gemeinschaftshaus erfreuten künstlerische Darbietungen die Gäste: die bekannte Koloratursängerin Lea Piltti (Kammersängerin an der Wiener Staatsoper), der unverwüstliche Ludwig Schmitz (frisch vom Rheinischen Karneval!) und die begabte Lale Andersen.

Abb. 59
1939 tritt sie bei einem Empfang des Leiters der Deutschen Arbeitsfront, Rudolf Ley, auf.

Abb. 60
Lale Andersen präsentiert sich erstmals mit ihren drei Kindern und ihrem Partner Fritz Pasche, 1939 im Urlaub auf der Insel Norderney.

Abb. 61
Eine Seite aus dem vierseitigem Prospekt der Künstlerin aus dem Jahr 1939.

In der Presse finden sich Hinweise, die bis heute Verwirrung stiften. So sei Lale Andersen als Seemannstochter in Oslo und Bremerhaven aufgewachsen. Eine andere Variante lautet, sie sei Norwegerin. Das weiße Kleid mit der blauen Stickerei, das so genannte Norwegerkleid, das sie meistens bei ihren Auftritten trägt, hat ihr zu dieser vermeintlichen Identität verholfen. (Abb. 61)

Die harmlosen Hafenlieder behält die Sängerin bei, ansonsten erweitert sich ihr Repertoire im Rahmen der herrschenden Ideologie: *Isländisches Wiegenlied*, *Des Nachts auf hoher See*, eine norwegische Volksliedbearbeitung, ein dänisches Matrosenlied. Überschrieben mit »Lieder zur Nacht« finden wir auch *Lili Marleen* im Programm. »Alles fades Zeug«, befindet die Künstlerin selbst. (Abb. 62).

Seemannstochter – Lieder vom Meer

Lale Andersen singt

Es ist schwer, diese Frau für eine kurze Plauderstunde an den Tisch zu bekommen. Die Agenten reißen sich um Lale Andersen und auch die Fahrt nach Frankfurt war nur ein schneller Abstecher von ihrer großen Tournee zusammen mit Ilse Maudtner. Zwischen Ankunft des D-Zuges und Vorstellungsbeginn liegen nur 30 Minuten; was muß eine schöne Frau in ihnen alles zurechtbringen. Aber dann sitzt sie doch zu einem kurzen Verschnaufer im Sessel der Hotelhalle. Ihr flachsgelbes Haar leuchtet durch den Raum und in der Dämmerung zeichnen sich die scharfen Linien ihres Gesichtes. Sie müßte am Strand sitzen, denkt man unwillkürlich, im harten Sandgras; das Auge träumt über Wellen, melancholisch, zärtlich, romantisch, so wie ihre kleinen Lieder sind, durch die der Wind rauscht und die von Lichtern des Landes, wie von den Sternen des Himmels erzählen.

In kaum zwölf Monaten ist sie berühmt geworden. Heute steht sie auf Bühnen, vor Mikrophonen und ihr Schallplattenumsatz hat eine unvorstellbare Höhe erreicht. In Oslo und Bremerhaven aufgewachsen, hat sie ihre entscheidenden Eindrücke vom Meer her empfangen. In ihrer Ansprache an den kleinen Heinemann, in ihrem amerikanischen Hafensong, ihrem heiteren Schiffsjungenlied verrät sie die Seemannstochter. Ihr kesses Chanson „Backbord ist links" hat seinen Weg um die Welt genommen. Wie sie zu diesen Liedern kam? Nun, wenn sie singt, muß es vom Meer sein, vom Hafen, von den Schiffen und Matrosen. 1932 kam sie nach Berlin ans Theater. Im Studio des Kabaretts der Komiker entdeckte sie Willy Scheffers als Sängerin. Seitdem zieht sie mit ihren kleinen Liedchen über die Bühnen und zwingt alle, in ihre Welt zu folgen, in die Welt der weiten, grenzenlosen See.

Abb. 62
Die »Seemannstochter«, aufgewachsen in Oslo und Bremerhaven. Der Artikel ist aus dem Jahr 1940.

WEHRMACHT-BÜHNE *der* NS-GEMEINSCHAFT KRAFT *durch* FREUDE
LEITUNG: OTTO MÜLLER

Lale Andersen
und die
Kapelle Krolop

Begleitung der Lieder am Flügel:
Karl Friedrich Pasche

VORTRAGSFOLGE

1) Ouvertüre

2) Nordisches Bilderbuch

Des Nachts auf hoher See	H. Chr. Schulz-Gellen (Norwegische Volksliedbearbeitung)
Isländisches Wiegenlied (Heinemann)	Isländische Volksweise
Die Versuchung	Hans Leip - Norbert Schultze
Kleines Sommermärchen	H. Aldach

3) Musikalische Bühnenschau

4) Aus der weiten Welt

Es fährt ein Schiff	Lale Andersen - Rudolf Zink
Lyckan	Schwedisches Volkslied
Sorte Rudolf	Dänisches Matrosenlied
Tjektjekeket	Jensen - Hostrup
Einmal noch nach Bombay	Hans Leip - Rudolf Zink

5) Musikalische Parodie

6) Lieder zur Nacht

Lied eines jungen Wachtpostens	(Lilli Marleen) Hans Leip - Norbert Schultze
Drei rote Rosen	Hans Leip - Norbert Schultze
Spaß muß sein	Günther Neumann
Die Bar zu Albemarl	Hans Leip - Norbert Schultze

7) Schlußmarsch

Verlag der Deutschen Arbeitsfront GmbH., Berlin — Druckort Berlin — D 5938

Abb. 63
Das Repertoire von 1940.

Abb. 64
Die Andersen präsentiert sich 1941 erstmals als Glamour-Star.

Abb. 65
Ein neues Image: Lale Andersen, eine Frau, die ein sentimentales Liebeslied singt.

»Es ist Krieg. Ich kann mich weder an das furchtbare Wort noch an die entsetzliche, zur Wahrheit gewordene Tatsache gewöhnen«, so zitiert die Tochter Carmen-Litta Magnus in ihrem Buch *Lale Andersen – die Lili Marleen* aus dem Tagebuch ihrer Mutter vom Herbst 1939. Mit dem Überfall der deutschen Truppen auf Polen ändert sich das Leben in Europa und später das der ganzen Welt. 55 Millionen Menschen verlieren im Zweiten Weltkrieg ihr Leben.

Für Lale Andersen beginnt 1940 die Zeit der so genannten Fronttourneen: Auftritte vor Soldaten, zunächst im von Deutschen besetzten Dänemark. Die Künstlergemeinschaft, mit der sie unter anderem Aalborg, Aarhus und Kopenhagen besucht, freut sich vor allem über die reichlichen Essensrationen. Ihr Fotoalbum aus dieser Zeit enthält Ansichtskarten und Hotelprospekte. Die spärlichen Zeitungsberichte zieren kleine dänische Fahnen.

Auch 1941 ist Lale Andersen wieder in Dänemark, bevor sie im März und April im Berliner »Kabarett der Komiker« bei Willi Schaeffers gastiert, um dann in Bordeaux vor deutschen Soldaten im »Théâtre Français« mit dem Programm »Unter der Laterne« aufzutreten. Sie wird überall mit frenetischem Beifall gefeiert. Die Soldaten kennen Lale Andersen bereits aus dem Rundfunk. Im April 1941 ist der Soldatensender Belgrad auf Sendung gegangen. Ab August, immer kurz vor 22 Uhr, erklingt das Lied von der Lili Marleen.

Zu dieser Zeit vollzieht sich abermals eine Wandlung der Künstlerin. Wir sehen Lale als weiblich-erotische, etwas verträumte, reife Frau. Eine Frau, deren Lächeln dazu angetan ist, Sehnsucht zu wecken. Da ist nichts Herbes, Burschikoses oder gar Androgynes, das ist nicht mehr die nordische Sängerin, das ist eine Frau, die ein sehr sentimentales Liebeslied singt. (Abb. 63, 65)

Abb. 66
Der Dichter Hans Leip 1915 als Gardefüsilier.

Abb. 67
Hans Leip 1937.

Kann der Wind erklären,
warum er zum Sturm wird?

Lale Andersen

Kapitel 3 **1941–1945**
Berlin – Langeoog

Lili Marleen

Das wohl bekannteste deutschsprachige Gedicht des 20. Jahrhunderts verfasste in der lauen Frühlingsluft des Kriegsjahres 1915 ein gebürtiger Hamburger in Berlin: Es war der 21-jährige Gardefüsilier Hans Leip. *Lili Marleen* war nicht sein erstes Gedicht, doch das erste, das er nach eigenem Bekunden aus einem »richtigen Gefühl heraus« geschrieben hatte.

Die ersten drei Strophen des schlichten Liebesgedichtes entstanden in einem Moment des Abschieds, der dem Autor besonders schwer fiel, weil er befürchtete, es könnte ein endgültiger sein. Hans Leips Einheit war im Begriff, in die Karpaten auszurücken.

In der ursprünglichen Fassung deutete Leip die vierte Strophe nur an, die fünfte fehlte noch ganz. Die Ungewissheit über das eigene Schicksal ließ ihn davor zurückschrecken, den Tod und eine mögliche Wiederkehr in nebelhafter Gestalt zu beschwören. (Abb. 66, 67, 68, 71)

Das Gedicht hat einen etwas ungewöhnlichen biografischen Hintergrund: Im Zustand ständiger Verliebtheit, in der er sich als Jugendlicher befand, schwärmte Hans Leip zur gleichen Zeit für die Mädchen Betty und Marleen. Betty, die Gemüsehändlertochter, lockte im Hinterhof die Hühner mit »Pipip, pipip!« an den Futternapf, wie die Verlobte des jungen Goethe, Elisabeth »Lili« Schönemann. Deshalb nannten sein Freund Klaas und er sie Lili. Während Hans seinem Freund Klaas schließlich die Lili überließ, verlor er sich vollends an Marleen. (Abb. 69, 70)

Marleen, die Tochter eines Militärarztes, die im Berliner Lazarett als Hilfsschwester arbeitete, hatte die Aura von frisch gewaschener Bettwäsche, Seife, Jod und Kreosot – ein der Seeluft verwandter Geruch. Sie verströmte den leicht mandelbitteren Ge-

Abb. 68
Norbert Schultze, der Komponist der zweiten, erfolgreichen Fassung vom *Lied eines jungen Wachtpostens*.

schmack der Desinfektion, in dem sich der Teerosenhauch des Guajakaholzes verbirgt. Ihr Name erinnerte den Schwärmer an Merlan, eine Dorsch-Art, an den Zauberer Merlin und die Marlien, die aus zwei Garnen zusammengedrehte Leine zur Segelbefestigung an Rah und Gaffel. In ihren melusinisch blaugrünen Augen drohte der junge Dichter rettungslos zu versinken. Marleen war die Verkörperung all seiner jugendlichen Träume:

Einmal haben wir ein paar Frühlingszweige mit auf mein Zimmer genommen ... und eine Flasche Burgunder. Sie wartete nicht bis diese entkorkt war, ließ unversehens ihre Kleider fallen, lehnte sich an den warmen Kachelofen. Sie wusste, wie gut sie gewachsen war. Der Burgunder blieb unberührt.

Über die Namensverbindung von »Lili« und »Marleen« schreibt er:

Der von Kindheit geläufige Singsang rankte sich um die beiden Namen, die mir zugeflogen waren hier in der Fremde Berlins, und als sei daran mein Halt und Talisman. Sie verschmolzen in eins und wurden fast gestaltlos zu einer einzigen Lust und Bedrängnis, liebreich neugeboren zu einer vereinten Erscheinung, nicht Lili, nicht Marleen, sondern Lili Marleen.[1]

1 Hans Leip: Das Tanzrad. Frankfurt am Main 1979, S. 75 und 79.

Beide Mädchen traf Hans Leip nie wieder. Als die Zeitschrift *Erika* 1942 nach den Frauen suchte, meldeten sich viele und alle wollten es gewesen sein. Betty-Lili, so fand der Dichter heraus, hatte nach auswärts geheiratet. Marleen war ihrem Vater ins Feld gefolgt und in Polen verschollen.

Abb. 69 und 70
Handzeichnungen des Dichters Hans Leip von Betty (Lili) und Marleen.

Abb. 71
Lale Andersen – die Lili Marleen.

Lili Marleen

Vor der Kaserne
vor dem großen Tor
stand eine Laterne,
und steht sie noch davor,
so wolln wir uns da wiedersehn,
bei der Laterne wolln wir stehn,
wie einst, Lili Marleen.

Unsere beiden Schatten
sahn wie einer aus.
Daß wir so lieb uns hatten,
das sah man gleich daraus.
Und alle Leute solln es sehn,
wenn wir bei der Laterne stehn,
wie einst, Lili Marleen.

Schon rief der Posten,
sie blasen Zapfenstreich,
es kann drei Tage kosten,
Kamerad, ich komm ja gleich.
Da sagten wir auf Wiedersehn,
wie gerne wollt ich mit dir gehn,
mit dir, Lili Marleen.

→ 32 ←

Deine Schritte kennt sie,
deinen zieren Gang,
alle Abend brennt sie,
mich vergaß sie lang.
Und sollte mir ein Leids geschehn,
wer wird bei der Laterne stehn
mit dir, Lili Marleen?

Aus dem stillen Raume,
aus der Erde Grund
hebt mich wie im Traume
dein verliebter Mund.
Wenn sich die späten Nebel drehn
werd ich bei der Laterne stehn
wie einst, Lili Marleen.

→ 33 ←

Abb. 72
Die Erstausgabe von 1937.

Abb. 73
Der Text in der Erstausgabe.

Es vergingen zweiundzwanzig Jahre, bis dieses Gedicht in einer Sammlung mit anderen Versen der Öffentlichkeit zugänglich wurde. 1937 erschien im Christian Wegner Verlag, Hamburg, *Die kleine Hafenorgel – Gedichte und Zeichnungen von Hans Leip*. Für diese Veröffentlichung hatte Leip die vierte und fünfte Strophe hinzugefügt. (Abb. 72, 73)

Die erste Vertonung, die Lale Andersen sang, stammt von Rudolf Zink, eigentlich ein Bankangestellter. Ihn hatte die Sängerin 1935 im Münchener »Simpl« kennen gelernt. Er hatte mehrere Texte Leips für sie vertont. Neben *Lili Marleen* auch *Der Feldmohn*, *Das Karussell*, *Denn Du weißt*. Zinks Kompositionen sind feinfühlig, eher zart, seine Version der Lili Marleen wird von der Interpretin als »liedhaft« charakterisiert. 1937/38 singt Lale Andersen im »Simpl« diese Lieder. Sie erhält dafür viel Beifall.

Zu dieser Zeit vertont auch der Berliner Komponist Norbert Schultze Gedichte von Hans Leip. Die Noten zu *Lili Marleen*, so berichtet Schultze, habe er in der Pogromnacht vom 9. November 1938 im Berliner »Groschenkeller« geschrieben. Heute schließt er nicht aus, dass sein Gedächtnis ihm einen Streich gespielt hat.

Der 1911 in Braunschweig geborene Schultze hatte – seit der Begegnung mit Liselott Wilke 1932 in Berlin – die Jahre genutzt. Mit dem Erfolg seiner ersten Oper *Schwarzer Peter* an der Hamburger Staatsoper 1936 war er den Nationalsozialisten aufgefallen und sein unaufhaltsamer Aufstieg begann. Er sollte, wie bereits erwähnt, die Musik für zahlreiche NS-Propaganda-Filme – von *Feuertaufe* bis *Kolberg* – schreiben und Marsch- und Durchhaltelieder wie *Bomben auf Engelland* und *Führer befiehl!* komponieren.

Zunächst wendet er sich mit seiner Vertonung von *Lili Marleen* an dreißig Verlage und Agenturen – und auch an Lale Andersen. Die Sängerin ist die einzige, von der er eine Rückmeldung erhält. Folgt man Lales Autobiografie, dann waren die Produzenten der Electrola, die im Januar 1939 ihre Vorstellung im »Kabarett der Komiker« besucht hatten, weder von der Zinkschen Version von *Lili Marleen* noch von der Vertonung von Schultze angetan. Sie befanden, dass beides weder Lieder im Sinne »klassischen Liedguts« noch gut verkäufliche Schlager seien. Einzig die Kollegin Trude Hesterberg bringt es, wie Lale Andersen berichtet, auf den Punkt:

Die erste Vertonung von Lili Marleen *war besser, aparter, sphärischer, aber die neue Ansage und der Rhythmus, der wie die Schritte marschierender Soldaten klingt – Kinder, das trifft aber wirklich haargenau den Nerv der Zeit.*

Der Pianist Pasche rät, mit der Telefunken einen Produktionsvertrag abzuschließen, um das Interesse der konservativen Electrola zu wecken und gleichzeitig eine offensive Pressearbeit zu starten. So wird bei Telefunken *Der Junge an der Reling* und *Liebeslied im Hafen* eingespielt. Weiter gehenden Verträgen aber steht entgegen, dass Telefunken den gesamten Werbeetat in die Kampagne für Rosita Serrano steckt.

Pasches Taktik geht auf. 1939 erscheint das *Lied eines jungen Wachtpostens* bei Electrola in der Vertonung von Schultze, die Erstfassung von Rudolf Zink hatte die Plattenfirma abgelehnt. Die Einleitung mit dem Trompetensignal, dem Zapfenstreich, wird hinzugefügt. Sie stammt nicht von Schultze. Der neue Titel wurde gewählt, weil er zur Frauenstimme Lales als passender erachtet wurde.

Eine Absprache mit dem Dichter Hans Leip bezüglich des geänderten Titels hat es übrigens nicht gegeben. Die Vertonung von Schultze hat dem Dichter ebenso wenig zugesagt wie die Stimme von Lale Andersen; er empfand sie als leicht ordinär. Das hat ihn jedoch nicht daran gehindert, der Sängerin stets seine neuesten Gedichtbände, versehen mit einer Widmung, herzlich zuzueignen.

Der Erfolg auch dieser Version bleibt zunächst aus. Das *Lied eines jungen Wachtpostens*, ein Titel, den heute kaum noch jemand kennt, der von *Lili Marleen* spricht, wird erst durch den Soldatensender Belgrad einer größeren Öffentlichkeit zugänglich. Bis dahin – also von 1939 bis 1941 – waren lediglich 700 Platten verkauft worden. Heute würde man das einen Flop nennen.

Ab April 1941, als der Soldatensender Belgrad auf Sendung geht (Abb. 74, 75), wird das Lied bekannter. Zum Grundbestand des Senders gehörten zunächst 60 Schallplat-

Abb. 75
Der Inhalt der Kisten mit Schallplatten aus Wien wird auf seine Brauchbarkeit durchgesehen.

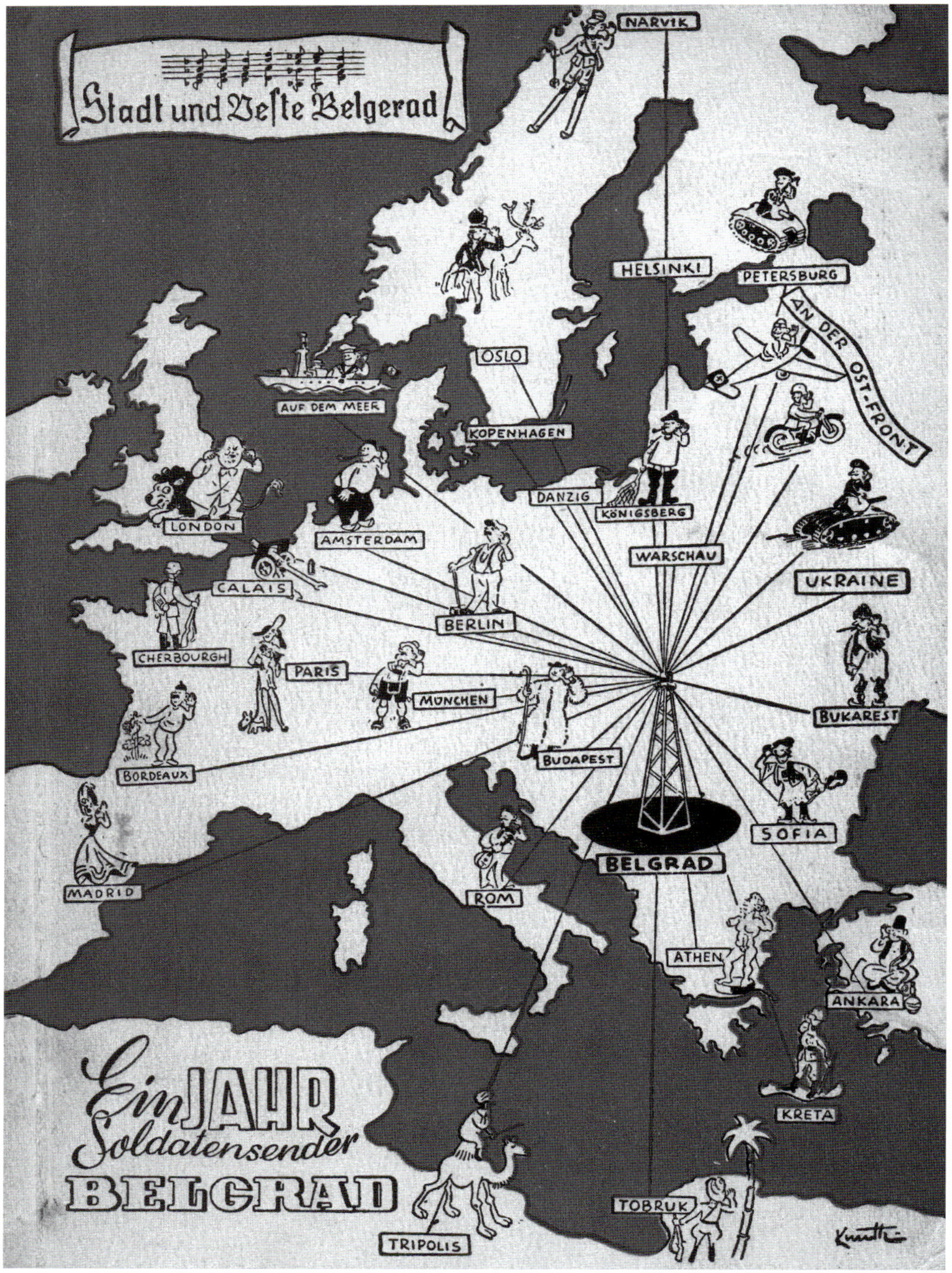

Abb. 74
Über seine starke Sendeanlage erreicht Belgrad seit April 1941 deutsche Soldaten an allen Fronten.

ten. Mit dieser eingeschränkten Auswahl ließ sich schwerlich ein abwechslungsreiches Programm gestalten. So beschaffte der Sonderführer Kistenmacher kurzerhand vom Reichssender Wien mehrere Kisten Schallplatten, die ausgemustert worden waren. Darunter befand sich auch das *Lied eines jungen Wachtpostens*.

Abb. 76
Um 1941.

Marleen – **materialistisch**

Vor der Kaserne vor dem großen Tor
Steht zwar die Laterne, doch ich steh' nicht davor;
Denn aus betonter Höflichkeit
Geht mir die Sache jetzt zu weit
Mit dir, Lili Marleen.

Du sollst nicht mehr stehen an dem Eisenpfahl,
Denn die Winde wehen, und es regnet mal.
Ich komme gleich vor deine Tür,
Vor allem sparen Zeit dann wir
Für uns, Lili Marleen.

12-Uhr-Blatt Berlin 13. 5. 1942, gez. »Peng«

Marleen – **polizeitechnisch**

Soviel Laternen stehen in der Stadt,
Doch ich weiß keine, die nicht verdunkelt hat.
Sagt denn da keiner weit und breit
Der hohen Polizei Bescheid?
Da muß doch was geschehn.

Nach Hildesheimer Beob. 1. 12. 1941

Marleen – **taktisch**

Kind ich hab' dich gerne,
Süße kleine Maus,
Aber die Laterne
Hängt mir zum Hals heraus.
Wenn sie's erst auf der Orgel drehn,
Kann ich ja gleich nach Hause gehn.
Adjüs, Lili Marleen.

Klapprige Laternen
Gibt es überall,
Liebe unter Sternen,
Das wär vielleicht mein Fall.
Was soll'n die Leute uns noch sehn,
Laß uns doch in den Hausflur gehn,
Sei klug, Lili Marleen.

Und weil die Laterne
Doch zu nichts mehr nutz,
Bringt die Stadt sie gerne
Unter Denkmalschutz.
Dann wird ein Schupo ganz alleen
Sich um die Laterne drehn
Wie einst, Lili Marleen.

Von Soldaten.

Marleen – **fußballtechnisch**

Vor der Klodt-Kaserne vor dem Schalker Tor
Stand ein Außenstürmer und sonst stand nichts davor.
Er sagt dem Ball auf Wiedersehn,
Und 1 : 0, schnell war's geschehn –
Wie einst, Lili Marleen.

Am 4. November 1941 schilderte Hermann Wentzel im Reichssportblatt den Verlauf des Tschammerpokal-Endspiels zwischen Dresden und Schalke in sechs solchen Marleen-Versen.

Abb. 78
Holzschnitt von Hans Leip.

Linke Seite:
Abb. 77
Verschiedene Versionen von *Lili Marleen*.
Abgedruckt in *Lies mich!*, April 1953.

Glaubt man dem Bericht[2] des Leiters des Senders Belgrad, Leutnant Karl-Heinz Reintgen, muss sich im Frühjahr/Sommer 1941 folgendes zugetragen haben: In diesen Monaten wurde *Lili Marleen* bis zu drei Mal täglich gespielt. Die Auswahl an Schallplatten war immer noch nicht sehr groß und die Sendezeit war auf 12 Stunden angestiegen. Von einem auf den anderen Tag nahm Leutnant Reintgen die Platte aus dem Programm, weil er der Ansicht war, dass der »Zapfenstreich« nun oft genug gesendet worden sei. Die Reaktion: Eine Flut von Beschwerdebriefen und Beschimpfungen der Programm- und Musikgestalter. Man sah sich gezwungen, die Platte wieder ins Programm aufzunehmen.

Davon abgesehen, erfreute sich der Sender immer größerer Beliebtheit, was sich in der steigenden Anzahl von Zuschriften ausdrückte. Und so suchten die Programmgestalter nach Möglichkeiten, den Soldaten eine Stimme zu geben. So entstand die Sendung »Wir grüßen unsere Hörer«, die erstmals am 18. August 1941 um 21.50 Uhr ausgestrahlt wurde. Am Ende dieser Sendung erklang jedes Mal das Lied von der Lili Marleen. Mit dieser »Grußbrücke« wurde das Lied zu einem Verbindungsglied zwischen »der Heimat und der Front«. (Abb. 76)

Zunächst erreichten 3000 bis 4000 Briefe für diese Grußsendung die Redaktion, dies steigerte sich bis auf 12 460 Briefe an einem Tag. Von Afrika bis zum Nordkap grüßen die Soldaten die Liebste daheim und warten mit ihr gemeinsam auf *Lili Marleen*. Der Text des Liedes wird aufgeschrieben und weitergereicht, es entstehen neue Versionen sowie zahlreiche Zeichnungen von Liebespaaren unter der Laterne. (Abb. 77, 78)

In den Erzählungen der Zeitgenossen wird *Lili Marleen* magische Kraft zugesprochen. Die Waffen verstummen, wenn Belgrad kurz vor zehn Uhr sendet. So berichten es Soldaten des deutschen Afrikakorps und der britischen 8. Armee übereinstimmend. Auch Rainer Werner Fassbinder nimmt das Motiv der ruhenden Waffen in seine Verfilmung von *Lili Marleen* auf.

»Eine makabre Verbrüderung«, nennt Schultze jr. das in seinem Dokumentarfilm *Wenn sich die späten Nebel drehn*: »Hier zerschießen, verbrennen und vernichten sie sich gegenseitig und singen gleichzeitig dasselbe Lied.«

Lale Andersen erhielt bis in die 60er-Jahre Briefe von Männern und Frauen, die ihre Dankbarkeit für das Lied zum Ausdruck brachten. Eine Hörerin hat das Gefühl, das Lili Marleen in den Kriegsjahren vermittelte, so ausgedrückt: »Sie schlossen eine Welt zusammen.«

2 Dokumentiert in dem Film *Wie einst Lili Marleen* von Norbert Schultze jr. (Südfunk Baden-Baden, 1990) sowie in der Dokumentation *Ein Jahr Soldatensender Belgrad*.

Lili Marleen wird – ohne dass die Interpretin es bemerkt – zur »Internationalen« der Soldaten des Zweiten Weltkriegs. Lale Andersen befindet sich zu dieser Zeit auf Fronttournee in Norwegen und Frankreich. Nach Berlin zurückgekehrt, findet sie stapelweise Briefe von Soldaten vor, die an Lili Marleen adressiert sind. Nicht nur ihr Name wird von nun an mit diesem Lied verknüpft, sie selbst wird zur Verkörperung der Lili Marleen.

Den Grund für den überragenden Erfolg kann Lale Andersen ebenso wenig wie andere angeben: »Kann der Wind erklären, warum er zum Sturm wird?«, antwortet sie auf einer Pressekonferenz in Rom.

Sie wollte als Künstlerin Karriere machen, nun wird sie zum Weltstar. (Abb. 81) Dieser Erfolg ist – wie so oft – sehr zwiespältig. Sie wird berühmt – um den Preis, in die Nähe des nationalsozialistischen Regimes gerückt zu werden. In *Der Himmel hat viele Farben* beschreibt sie, wie ihr bei dieser Vorstellung regelrecht schlecht wird, vor allem bei dem Gedanken an die Reaktion ihrer Freunde:

Wenn man Radio Belgrad in Afrika empfangen konnte, musste es doch auch möglich sein, seine Sendungen in der Schweiz zu hören. Das bedeutete, dass Mendelson [Liebermann, d. V.] und meine Kollegen in Zürich mich für eine Überläuferin halten würden.

Fortan klebt dieses Lied und dieses Image »Lili Marleen« an ihr und lässt ihr keinen Raum für eine andere künstlerische Entfaltung. Wo immer sie auftritt, wird von ihr dieses Lied erwartet. Als die Nazis Lale Andersen verbieten, das Lied zu singen oder sich damit in Verbindung zu bringen, singt es ihr Publikum.

Mit ihrem unnachahmlichen Humor hat die Andersen in ihrer Autobiografie die Wirkung des Liedes beschrieben. Schauplatz: ein amerikanischer Club in Heidelberg, zum Bersten gefüllt, ein Jahr nach Kriegsende:

Kaum hatte das Orchester das mit Micky-Maus-Bildern, Pin-up-girls und künstlichen Blumen umsponnene Podium betreten, die Schöße der Leib-Fracks angehoben und die Sitzflächen feierlich den Stühlen genähert, brüllte es »Lili Marleen«. Wege [Kurt Wege, der Dirigent, d. V.] *schwebte zum Dirigentenpult, klopfte ab, legte mit gütigem Blick ins Publikum Zeigefinger auf die Lippen. Das Gebrüll der dicken uniform-verpackten Säuglinge verstärkte sich ... Es dauerte nicht mal eine Minute. Weges gequältes: »Also, well, meine Herren, then sings Lale Andersen eben first and we bring our orchester-part after her«, versank im Lärm. Er gab etwas mehr Stimme: »And here ist Lili Marleen and she sings zuerst three songs aus Hans Leips Kleine Hafenorgel.«*

Die Köpfe der Säuglinge färbten sich rot, Zornesfalten schwollen, das Gebrüll wurde drohend. Erst als Wege den Einsatz zum Trompeten-Signal gab, wurde es ruhig. Lili Marleen hatte die Wirkung eines Schnullers. Bis auf etwas Rülpsen und Schmatzen Ruhe in der Kinderstube. Ende des Liedes war wie Wegnehmen des Gummipfropfens. Das Gebrüll nahm wieder zu.

Nachdem ich die Laterne dreiundzwanzigmal gesungen hatte, der Schlagzeuger hatte es mit Strichen auf seinem Notenblatt archiviert, in Deutsch, in Englisch, in Italienisch, von hinten nach vorn, von vorn nach hinten, ohne Mitsingen des Säuglingschors, mit Mitsingen, schliefen die ersten ein, sowohl im Publikum als auf der Bühne. Nach zwei weiteren Wiederholungen schnarchten alle.

Obwohl Lale Andersen testamentarisch festgelegt hatte, auf ihrer Beerdigung nicht *Lili Marleen* erklingen zu lassen, wurde es, so berichtet die Tochter, trotzdem gespielt.

Der Schriftsteller und Nobelpreisträger John Steinbeck, der im Zweiten Weltkrieg Kriegsberichterstatter war, findet eine nüchterne Erklärung für den Erfolg des Liedes:

Die Wirkung von Lili Marleen liegt in der Dreieinigkeit von Stimme, Text und Musik, sie ruft – wie ein modernes Mysterium – diese weltweite Massenpsychose hervor.

Dem lässt sich hinzufügen: Die »Massenpsychose« brach nicht 1939 beim Erscheinen der Platte aus, sondern im Zweiten Weltkrieg, als das Lied jeden Abend zur gleichen Zeit das Ende der Grußsendung des Soldatensenders markierte. Die Gefühle, die die wenigen Zeilen ausdrücken, treffen die Soldaten aller Länder mitten ins Herz. Einsamkeit, Trennungsschmerz, die Angst vor dem Tod schwingen ebenso mit wie Sehnsucht, Trost, die Hoffnung auf Erlösung. Das Lied ist schlicht und sentimental, die volksliedhafte Vertonung, zu der sich auch marschieren lässt, gefällig und eingängig.

Das Mädchen unter der Laterne hat immer wieder die Phantasie angeregt, schließlich ist es ja ein ganz bestimmtes Bildsymbol – auch wenn die Laterne nicht rot ist. Hans Leip hat nie verstanden, wieso man darauf verfallen konnte, Lili Marleen sei ein Freudenmädchen, das auf seinen Freier wartet.

Sicherlich ist *Lili Marleen* ein einfaches Lied, aber es ist keineswegs platt und eindeutig. In seinen fünf Strophen fasst es einen ganz zentralen Augenblick der soldatischen Existenz zusammen: Die Situation der Kaserne, die Schwelle zwischen Heimat und Schlacht, wenn sich der Mann bereits vom zivilen Leben verabschiedet hat und auf seinen Einsatz wartet. Der Gedanke an Lili Marleen bannt für einen Moment die bösen Erwartungen an das Kommende, sie wird zum Engel, der dem Soldaten ein zärtliches »Noch-Nicht« ins Ohr flüstert – und auf dieses »Noch-Nicht« hofft jeder Soldat, sei er nun Deutscher oder Amerikaner. (Abb. 80, 81, 82, 83)

Lili=Marlen, das begehrteste Mädchen der Gegenwart

Ein Zufall erweckte den kleinen Nachtposten zu neuem Leben / „12 Uhr Blatt"=Gespräch mit Norbert Schulze

Die Lili=Marlen persönlich

Gastspiel Lale Andersen im Gürzenich

Das Lied des Wachtpostens

(NTB.) De som i løpet av de siste årene har lyttet på Beograd eller Berlin har ikke unngått å høre navnet Lale Andersen. Og de som har et vel komplettert grammofon-album, mangler sikkert ikke hennes stemme som bl. a. har lansert alle tiders soldatslager «Lili Marlen». Fra Lale Andersens strupe er «Europas verste landeplage» blitt båret ut over hele verden med det resultat at den engelske generalstab har sett seg nødsaget til å nedlegge forbud mot at den blir sunget i engelske soldatleire.

I går stod denne vakre sangerinne i Aulaen. Lale Andersen som blant de tyske soldater betraktes som «Mutter» til deres populære sang, har tilbrakt flere år av sin ungdom her i Norge, og under en samtale vi hadde med den populære sangerinnen, la hun heller ikke skjul på sin begeistring for landet vårt.

Under konserten i går kveld hadde Lale Andersen en glimrende assistanse i «Das grosse Rundfunkorkester» under Frits Wilm Wallenborns dyktige og spirituelle ledelse. Dessuten medvirket Heinz Wehners orkester som er velkjent fra sine populærkonserter i kringkastingen.

Konserten ble innledet med en ouverture over nordiske melodier arr. av Hans Hansen. Deretter fulgte en «nordisk billedbok» med kjente folkesanger, bl. a. de svenske «Svarta Rudolf», «Lyckan» og «Det var en gang en kunge». Etter en scherzo over svenske folkemelodier spilte orkestret romantiske valser fra den store verden og Chabriers «Espana-Rapsodie». Og så kom Lale Andersen med sine «små sanger i en stor tid». Hennes stemme er ikke stor, men desto mer innsmigrende. Med en naturlig opptreden og en charmerende mimikk vant hun sine tilhørere for seg som hun har vunnet dem så mange ganger før både fra scenen såvel som ved mekaniske gjenngivelser. Og den store buketten med røde nelliker som til slutt ble overrakt henne, var alle med på å gi.

Etter de mange ekstranummer avsluttet ork[...]et med Curt Kretschm[...] ouverture».

saggio alla Commissione.

SMENTITA A FALSITA' INGLESI

L'interprete di «Lili Marleen» è libera e in ottima salute

Berlino 17 febbraio.

La famosa cantante Lale Andersen, che è diventata nota in tutto il mondo grazie alla canzone « Lili Marleen», contrariamente a notizie diffuse da fonte inglese, vive nella più assoluta libertà e gode ottima salute, secondo quanto viene comunicato da fonte competente tedesca.

Lale Andersen — Lili Marleen!

Meisterabend froher Unterhaltung im Sängerhaus

Sie kommt in bezaubernd schönen Kleidern, entwickelt eine unendliche Anmut in ihren Bewegungen und singt ihre Lieder und Liedchen mit einer entwaffnenden Liebenswürdigkeit, und kein Mensch wundert sich darüber, daß sie es ist, die am fernen Sender in Belgrad das Lied eines jungen Wachtpostens »Lili Marleen« berühmt machte. Das ist Lale Andersen, die wohl irgendwo von Dänemark her stammen muß. Sie war am vergangenen Samstag hier in Straßburg und gab im Rahmen des von der NS.-Gemeinschaft »Kraft durch Freude« veranstalteten Meisterabends froher Unterhaltung ein Konzert, das — kein Wunder — überfüllt war. Es war nicht nur der Singsang, von dem man entzückt war, es war vor allem der Charme, die innere Anmut, mit der er vorgetragen wurde. Denn alle diese von Rundfunk und Schallplatten her bekannten Chansons haben ja nur einen Zwe[...] wollen unterhalten. Wenn ab[...] sen ihre Kunst dazu [...] etwas anderes [...]

mit bewährter Routine herunte[...] wir wollen hier keine Diskussio[...] schwerblütige Menschen lieber[...] wenn hier das Wort Kunst au[...] wird. Wenn aber das auf einige[...] den der Sorglosigkeit hingegeben[...] zu allem Ja sagte, so hatte es[...] wenn Lale Andersen die Wüns[...] blikums mit Zugaben befriedigte[...] auch recht. Es war eben ein A[...] Unterhaltung, und da wollten a[...] Kosten kommen. Als Begleiter[...] lerin waltete Friedrich Pasch[...] seines Amtes, und die kleine, [...] spielte Kapelle Theo Heldt[...] ihre Darbietungen mit geschm[...] nicht aufdringlich vorgetragen[...] melodien. Der Beifall wollte [...] kein Ende nehmen, — aber sch[...] [L]ale Andersen auch wieder e[...] [St]raßburg kommen, und dann [...] [wi]eder ihre Freude an ihr habe[...]

van de[...]

Lale Andersen, « la « Voce di Lili Marleen »

Ein Gruß von Lale Andersen

Lili Marleen – zwei Berlinerinnen

Der Dichter erzählt die Geschichte seines Liedchens

Lale Andersen – persönlich

Bombenerfolg ihres Zoppoter Gastspiels

Nun haben wir gestern abend im Zoppoter Roten Kurhaussaal Lale Andersen, die „Stimme aus Belgrad", auch persönlich kennengelernt, und wir sind überzeugt, daß das Publikum, das Saal, Logen und Empore bis zum letzten Platz füllte, über diese Bekanntschaft hoch beglückt war. Schon der Riesenbeifall war ein sicherer Beweis dafür. Es war aber auch wirklich interessant, zu erleben, welch starke Wirkungen diese dunkle Frauenstimme trotz ihres geringen Volumens in nordischen Volks- und Matrosenliedern, vor allem aber in schlichten Soldatenliedern unserer Zeit auszulösen vermag, unterstützt durch ein aufs feinste abgetöntes Mienenspiel und ein gemessenes Spiel der Arme und Hände. Ein Zusammenklang von denkbar größter Harmonie, den man so bald nicht vergißt. Das ganze klanglich reizvoll untermalt durch den überaus gewandten Begleiter am Flügel Friedrisch Pasche und die Kapelle Traversa-Schoener, die sich der Sängerin in idealer Weise anschmiegten und damit an dem Erfolg mit Anteil hatten.

Daß im übrigen die Kapelle Traversa-Schoener auch mit ihren eigenen Darbietungen Begeisterung auslösen würde, war für jeden vorauszusehen, der diese vortrefflichen Musiker von ihrem mehrfachen Auftreten an gleicher Stelle schon kannte. Wieder konnte man seine reine Freude an dem exakten Zusammenspiel und der sauberen und geschmackvollen Durcharbeitung selbst der schlichtesten Schlagermelodien haben. Vor allem erwies sich aufs neue der Geiger Traversa nicht nur als virtuoser Beherrscher seines Instruments, sondern als begabter Orchesterführer, der seine Mannen straf zu leiten und anzufeuern vermag.

So wurde es ein Abend ungetrübten Genusses, für dessen Vermittlung man abermals „Kraft durch Freude" dankbar sein darf.

Curt von Meibom.

ber
en:
cht,
hen
un-
um-
und
Pu-
sie
her
hre
nst-
igel
ge-
mte
und
ger-
luß
vird
ach
alle
e.

Lale Andersen begeistert

Großer Erfolg des einmaligen Gastspiels im Katharinensaal

Plauderstündchen mit Lale Andersen

Lale Andersen in visita a "La Stampa„

Lale Andersen, la creatrice di Lili Marleen, *durante la visita ieri compiuta al nostro* Giornale *e al nuovo elegante* Cinema-Teatro *di via Viotti, osserva compiaciuta il numero di* Stampa Sera *sul quale venne, a suo tempo, pubblicata la storia della popolare canzone.* Stampa Sera *fu il primo quotidiano italiano che portò a conoscenza del grande pubblico dei giornali la leggendaria vicenda della ragazza della lanterna e la fortunata carriera artistica di Lale Andersen.*

Lunedì 16 Marzo 1942

Una popolare canzone germanica di guerra

"Con te, Lili Marleen„

La storia della lanterna presso la caserma... - Chi é Lale Andersen - Da un piccolo ritrovo berlinese alla Radio di Belgrado: lo sfortunato esordio e la celebrità attraverso l'etere - Si canta anche in italiano

Abb. 79
Pressestimmen aus Deutschland und Italien
1941 und 1942.

Abb. 80, 81, 82
Italienische, niederländische und englische Ausgaben von *Lili Marleen*.

Nicht ganz ohne Grund ist für Schultze das Lied daher nicht nur kein Kriegslied, sondern ein Antikriegslied, weil es die zivile Seite des Soldaten anspricht. Für Propagandaminister Joseph Goebbels verströmte das Lied sogar Leichengeruch. Für Dwight D. Eisenhower war Hans Leip dagegen der einzige Deutsche, der im Krieg in Deutschland

Abb. 83
Notenblatt *Lili Marleen*, deutsch, englisch und französisch.

lebte und die ganze Welt mit Freude erfüllte. Für John Steinbeck war es schlicht »das schönste aller Liebeslieder«.

Ist also *Lili Marleen* das Lied der Sieger wie der Besiegten, der Täter wie der Mitläufer? Ein schönes Liebeslied, ein kitschiges Lied, ein Antikriegslied, eine sentimentale Verklärung des Soldatentodes, ein Lied der NS-Propaganda? Ein Lied für alle?

Die Opfer von Terror und Gewalt haben eine andere Erinnerung. Für sie verbindet sich das Lied mit den NS-Verbrechen. Der amerikanische Schriftsteller Louis Begley schildert in seinem autobiografisch gefärbten Roman *Lügen in Zeiten des Krieges*, für den er 1995 den »Jeanette Schocken Preis – Bremerhavener Bürgerpreis für Literatur« erhielt, wie nach dem vergeblichen Aufstand der polnischen »Heimatarmee« 1944 die deutschen Besatzer in Warschau Männer, Frauen und Kinder auf dem großen Platz vor dem Hauptbahnhof zusammentrieben. Das blindwütige Schießen in die Menge, die Vergewaltigungen durch Deutsche und ukrainische Hilfstruppen wurden von *Lili Marleen* begleitet, das ein Soldat immer und immer wieder von einem Grammophon abspielte.

Nach dem Zweiten Weltkrieg ist das Lied auf den neuen Kriegsschauplätzen der Welt zu hören: im französischen Kolonialkrieg um Indochina (1946–1954), bei der britisch-französischen Intervention am Suezkanal 1956 und auch im Algerienkrieg (1954–1962). Amerikanische Soldaten singen es 1950 im Koreakrieg, der amerikanische Soldatensender in Saigon spielt es 1971 für die GIs in Vietnam.

Abb. 84
Lale Andersen und Marlene Dietrich begegnen sich zum ersten Mal 1959 in Monaco.

Lili Marleen wird nach Angaben von Hans Leip in achtzig Sprachen übersetzt. Marlene Dietrich (Abb. 84) singt die amerikanische Version 1944 während ihrer legendären Truppenbetreuungsauftritte für GIs und im Mai 1945 singt sie das Lied sogar vor Soldaten der Roten Armee. Bei ihrem allerletzten öffentlichen Auftritt 1973 rührt sie ihr Publikum mit *Lili Marleen* zu Tränen.

Außer Lale Andersen sangen das Lied weitere dreihundert Interpreten in der Welt, u. a. Anne Shelton, Greta Garbo, Edith Piaf, Hildegard Knef, Milva, Amanda Lear, Mimi Thoma, Connie Francis, Perry Como, Frank Sinatra, Al Martino, Bing Crosby, Freddy Quinn, Jean-Claude Pascal, Joachim Kowalski und Ulrich Tukur. Das Symphonieorchester des Moskauer Bolschoitheaters hat es eingespielt. Und selbst die Punk-Band »Der KFC« hat sich des Liedes angenommen: *Wer hat Lili Marleen umgebracht* lautete der Titel.

Das Bremerhavener Stadttheater bringt in der Spielzeit 1999/2000 das Schauspiel mit Musik *Lale Andersen – Goodbye Memories* (so hieß die Abschiedstournee der Andersen 1966/67) auf die Bühne und Christel Leuner singt *Lili Marleen*.

Etwa fünfzig Filme beschäftigen sich mit dem Mädchen unter der Laterne, nicht zuletzt Rainer Werner Fassbinder. In seiner Version spielt Hanna Schygulla 1981 die Andersen und singt *Lili Marleen*. Der Film wird von der Kritik gemischt aufgenommen, wird aber ein großer Publikumserfolg.

Anlässlich des 60. Jahrestages des Erfolges von *Lili Marleen* widmet das Haus der Geschichte in Bonn im Dezember 2001 diesem Phänomen eine Sonderausstellung: »Lili Marleen – Ein Schlager macht Geschichte«.

Verfolgung und Auftrittsverbot

Lale Andersen hat es geschafft. Sie macht als Künstlerin Karriere. Seit ihrem ersten Auftritt 1931 sind zehn Jahre vergangen und jetzt ist sie berühmt.

1941 ist das unruhigste Jahr in ihrem bisherigen Künstlerdasein. Sie beschließt, sich am Jahresende in den bayrischen Bergen zu erholen, um Kraft für das neue Jahr zu schöpfen. Die wird sie brauchen. Für sie hat sich ein Traum erfüllt, jetzt aber beginnt ein Alptraum.

Die neue, großzügige Wohnung liegt am Kurfürstendamm 92, wo sie wieder einmal auf befristete Zeit mit ihren Söhnen Björn und Michael zusammenlebt. Die Familie wird von Fotografen und Journalisten belagert. Aus allen Teilen Europas erhält die Sängerin Anfragen nach Gastspielen.

Willkommensgruß der Dresdner

an

Lale Andersen

zu ihrem ersten Auftreten in Dresden
am 13./14. April 1942

Ungezählte Millionen
Hören dem Sender entlang,
Bis in entlegendste Zonen
Deiner Stimme heimlichen Klang.

Tönt doch in späterer Stunde,
Aus Belgrad so gegen Zehn,
Aus Deinem beruf'nem Munde
Das Lied der „Lili Marleen".

Oftmals kopiert, niemals erreicht,
Wird's auch von And'ren gesungen.
Nur aus Deinem Munde vielleicht,
Hat es berückend geklungen.

Und die Vielen, die Dich gehört,
Ja, es ist zu verstehen,
Wollen Dich jetzt – ungestört, –
Endlich persönlich mal seh'n.

So steigt die Spannung Zoll um Zoll,
Gleich einem Zeitgeschehen.
Ganz Dresden wird erwartungsvoll
„An der Laterne stehen."

C. Jaedicke
ehem. Mitglied d. Sächs. Staatstheaters

Abb. 86
Willkommensgruß der Dresdener.

Abb. 85
Lale Andersen 1942 auf der Bühne des Berliner Theaters »Scala«.

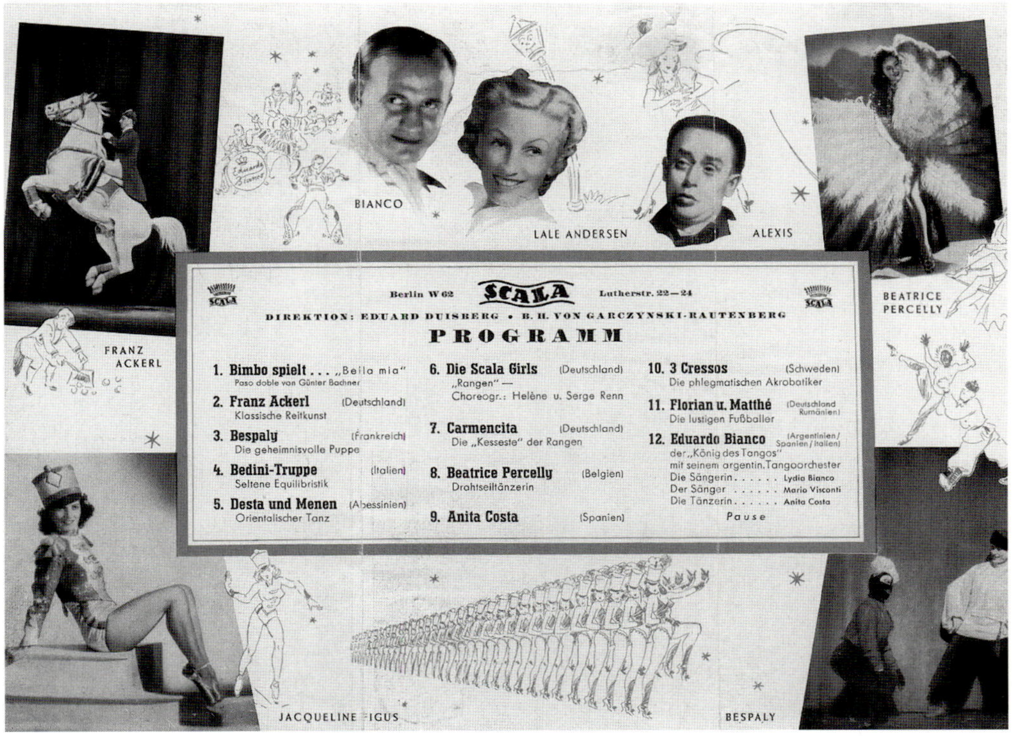

Abb. 87
Links oben: Lale Andersen, Bianco (»Der König des Tango«, oben) und Alexis (»Ein seltsamer Exzentriker«, unten).
Rechts oben: Programmheft-Innenseite.

Das Jahr 1942 beginnt mit einer Konzertreise durch Süddeutschland. 23 Auftritte in knapp drei Wochen, eine strahlende Lale Andersen vor stets ausverkauften Sälen – und immer wieder das Lied von *Lili Marleen*. Nach wie vor treffen Feldpostbriefe waschkörbeweise ein. In Dresden wird ein Willkommensgruß für Lale Andersen und ihr Lied in Versform verfasst. (Abb. 86)

Jetzt öffnen sich für die Andersen auch die Türen des Berliner Varieté-Theaters »Scala«. Im März 1942 steht sie auf der Bühne vor einem überdimensionierten Rundfunkgerät, dessen Skalenzeiger auf Belgrad zeigt. Während der Einleitung des Zapfenstreichs erscheint sie am Rand des Lautsprechers in einem weißen, langen, mit blauen Pailletten an Ärmeln und Schleppe verzierten Kleid. (Abb. 85, 87)

Zudem erhält die Sängerin ein Filmangebot: In dem Ufa-Film *G.P.U.* singt sie das skandinavische Seemannslied *Der schwarze Rudolf*. Friedrich Pasche hat die Musik bearbeitet, der deutsche Text stammt von ihr. (Abb. 88)

Mittlerweile ist der Krieg in Berlin spürbar. Seit Herbst 1941 werfen die Engländer Bomben, die Sirenen brüllen von den Dächern und aus den Volksempfängern die Siegesmeldungen. Die Lebensmittel werden immer dürftiger, und die Künstlerin ist nur noch ein Strich in der Landschaft.

Abb. 88
Deckblatt zu *Der schwarze Rudolf*.

Fronttournee unter Leitung von SS-Gruppenführer Hinkel

Ab April 1942 ist Lale Andersen der »Berliner Künstlerfahrt« zugeteilt, abkommandiert ist der treffendere Ausdruck. Diese von der Reichskulturkammer organisierten Tourneen für Elite-Künstler werden von SS-Gruppenführer Hans Hinkel, Ministerialdirektor und Vizepräsident der Reichskulturkammer, persönlich geleitet und angesagt. Für diese Fahrt in die »Ostdeutschen Protektorate« sind u. a. Marika Rökk, Grethe Weiser, Franz Grothe, Helge Rosvaenge und Emmi Leisner verpflichtet.

Diese Tournee hat einschneidende Folgen für die Zukunft der Künstlerin. Was genau sich zugetragen hat, lässt sich freilich nicht mehr herausfinden. Immerhin gibt es einige Zeugnisse: Die Passagen aus Lale Andersens Lebensroman und die Akten der Reichskulturkammer sowie die personenbezogenen Unterlagen des ehemaligen Berlin Document Center, die im Bundesarchiv Berlin lagern.

In ihrem Buch beschreibt Lale Andersen die »Künstlerfahrt«, ihre Konflikte mit Hinkel und schließlich den Eklat. Hinkel hatte für alle Künstler die Besichtigung des Warschauer Ghettos, insbesondere des Spitals angeordnet. Die Sängerin überlegt, wie sie dem entgehen könne. Gleichzeitig fühlt sie sich aber dem Wunsch von Günther Weisenborn, der dem Widerstand angehört, verpflichtet, Informationen aus Polen mitzubringen. Als der Bus vor dem Spital im Ghetto anhält, bleiben Lale und Grete Weiser bei der Kollegin Emmi Leisner im Bus, um ihr beizustehen. Ihr stehen Furcht und Entsetzten ins blutleere Gesicht geschrieben.

Tags darauf drangsaliert Hinkel die Künstlerin, die sich erlaubt hatte, ihm bei der Programmabfolge zu widersprechen. Er lässt sie zu später Stunde aus dem Bett holen und zwingt sie, mit ihm zu tanzen. Dabei bedrängt er sie in unerträglicher Weise. Lale Andersen gibt ihm eine schallende Ohrfeige. Wenige Stunden später sitzt sie im Zug nach Berlin.

Sie ahnt die Folgen und versucht auf Anraten ihres Pianisten Pasche, der im Roman Taschner heißt, über das Luftwaffenministerium, das unabhängig von Partei und Wehrmacht entscheiden kann, einen »Lazarett-Einsatz« außerhalb Deutschlands zu bekommen. Dort trifft sie auf Verständnis und Unterstützung. Ihr Reiseziel heißt Italien.

So kann es gewesen sein – oder auch nicht.

In den Akten des Bundesarchivs Berlin (personenbezogene Unterlagen des ehemaligen Berlin Document Center) befindet sich in der Stellungnahme vom 25. September 1946 des »Dachausschusses Nr. 7 für die Ausschaltung von Nationalsozialisten – Beratender Ausschuss für Musik (Rechtsanwalt Karl Chr. Fritz)« zu dieser Romanpassage zwar ein Hinweis, dieser hilft jedoch kaum weiter:

Nach dem Besuch des Ghettos schrieb sie empörte Briefe ins Ausland und befürchtete deshalb verfolgt zu werden. Sie entfernte sich von ihrer Truppe und liess sich schleunigst ein Engagement in Italien verschaffen.

Lale Andersen war gehalten, dem Ausschuss Entlastungsmaterial vorzulegen. Dies besteht u.a. aus einem Brief von ihr an den Vorsitzenden Karl Chr. Fritz sowie aus einer Stellungnahme. Darin erwähnt sie die »Künstlerfahrt« und das gespannte Verhältnis zu Hinkel. Vom Besuch des Warschauer Ghettos und vom Kontakt zu Widerstandskreisen spricht sie nicht.

Daraus den Schluss zu ziehen, ihre romanhafte Darstellung sei unzutreffend, wäre gewagt. Zweifel an der Richtigkeit dieser Darstellung bestehen allerdings.

Die Sängerin nimmt in den angegebenen Akten auch Stellung zu dem Vorwurf, sie habe freundschaftliche Kontakte zu Hinkel unterhalten. Diese Unterstellung bezeichnet sie als »grotesk«. Als Zeugen gibt sie drei Kolleginnen an, u. a. Grethe Weiser und auch Emmi Leisner.

Da ich der Berliner Künstlerfahrt nur kurz angehörte und im Goebbel'schen Kreis stets ein Fremdkörper war, ist anzunehmen, dass alle drei Kolleginnen ganz neutrale, aber sich bestimmt gleichbleibende Aussagen machen. Jeder in der Umgebung Hinkels spürte die gefährliche Spannung, die von unserer ersten Begegnung 40/41 zwischen uns bestand.

An anderer Stelle teilt sie dem genannten Ausschuss zu Hinkel folgendes mit:

Die zufällige Resonanz, die meine Lili Marleen-Aufnahme gehabt hatte, stellte erstmalig einen künstlerischen Erfolg ohne jede Protektion des braunen Regimes dar. Die in- und ausländischen Armeen liebten eine Frau – oder eine Stimme –, die nach Erachten Goebbels und Hinkels dieses Erfolges absolut unwürdig war. Ich war von orientierten Kreisen schon nach meinen ersten Erfolgen in Berlin auf das Misstrauen Hinkels mir gegenüber aufmerksam gemacht worden und gewarnt, statt undiplomatisch und unvorsichtig zu sein, Hinkel Harmlosigkeit und Weiblichkeit vorzutäuschen. Beides war mir von Goebbels und ihm abgesprochen worden und mir stattdessen die Prädikate intellektuell, philosemitisch und gefährlich gegeben.

Die Akten des »Ausschusses zur Ausschaltung von Nationalsozialisten« enthalten auch eine Stellungnahme der »Kammer der Kunstschaffenden« in Berlin. Diese stellt in ihrem Bericht fest, dass aus den Briefen von Lale Andersen an Ministerialdirektor Hinkel aus den Jahren 1940–1943

... eine nazistische und militaristische Einstellung gelegentlich sogar ausgesprochene nazistische Gesinnung [spricht].

Der »Ausschuss zur Ausschaltung von Nationalsozialisten« weist diesen Vorwurf zurück, u. a. mit der Begründung, dass die Künstlerin gezwungen war, alles aufzubieten, um die stark negative Stimmung gegen sie in der Reichskulturkammer abzumildern. Dieses Verhalten sei von vielen Künstlern gewählt worden, da diese ihren Broterwerb nur finden konnten, wenn sie vom Propagandaministerium geduldet wurden.

Zu ihren Versuchen, Hinkel mit Briefen gnädig zu stimmen, schreibt Lale Andersen in ihrer Stellungnahme für den genannten Ausschuss:

Lediglich die harte Pflicht und Verantwortung meinen drei Kindern gegenüber, für die ich allein sorgte, waren der Grund, dass ich mich beschämenderweise demütigen musste, diese verlogenen Briefe zu schreiben und der Sehnsucht, mein Leben für eine ehrliche Meinungsäusserung hinzugeben, nicht nachgab.

Auftrittsverbot, Pass- und Ausreisesperre

Es gelang ihr nicht, den Argwohn der Reichskulturkammer auszuräumen. Im Oktober 1942 wird die Künstlerin festgenommen. (Abb. 89)

Die Motive der Nationalsozialisten für ihre Festnahme und das folgende Auftrittsverbot lassen sich nur schwer ermitteln. War der Ausgangspunkt die Rache eines einzelnen Mannes, der von einer begehrten Frau eine drastische Abfuhr erhalten hatte? Waren für den fanatischen Antisemiten Hinkel Briefkontakte zu Schweizer Freunden jüdischen Glaubens das, was man damals »Rassenschande« nannte? Wurde *Lili Marleen* von den Nazis als Antikriegslied eingestuft oder war es nicht mehr »zeitgemäß«, als die Anzahl der Kriegstoten immer drastischer wurde? Wollte man deshalb die Interpretin kalt stellen? Oder war der Soldatensender Belgrad mit *Lili Marleen* beziehungsweise Lale Andersen eine Konkurrenz zu Goebbels' »Wunschkonzert«? Trauten die Machthaber der prominenten Künstlerin nicht, da ihnen ihr Repertoire, ihre literarischen und musikalischen Vorlieben und Freunde bekannt waren? Suchten sie jetzt, wo ihr Name in aller Munde war, nach einem Vorwand, sie auszuschalten? War sie so prominent, dass ihre Ermordung unliebsame Folgen für das Regime hätte haben können?

Diese Fragen deuten das Spektrum möglicher Antworten an. Die offizielle Begründung der Reichskulturkammer lautet: Auftrittsverbot wegen Beziehungen zu Juden.

Das Fazit des Untersuchungsausschusses zum Fall Lale Andersen aus dem Jahr 1946 lautet:

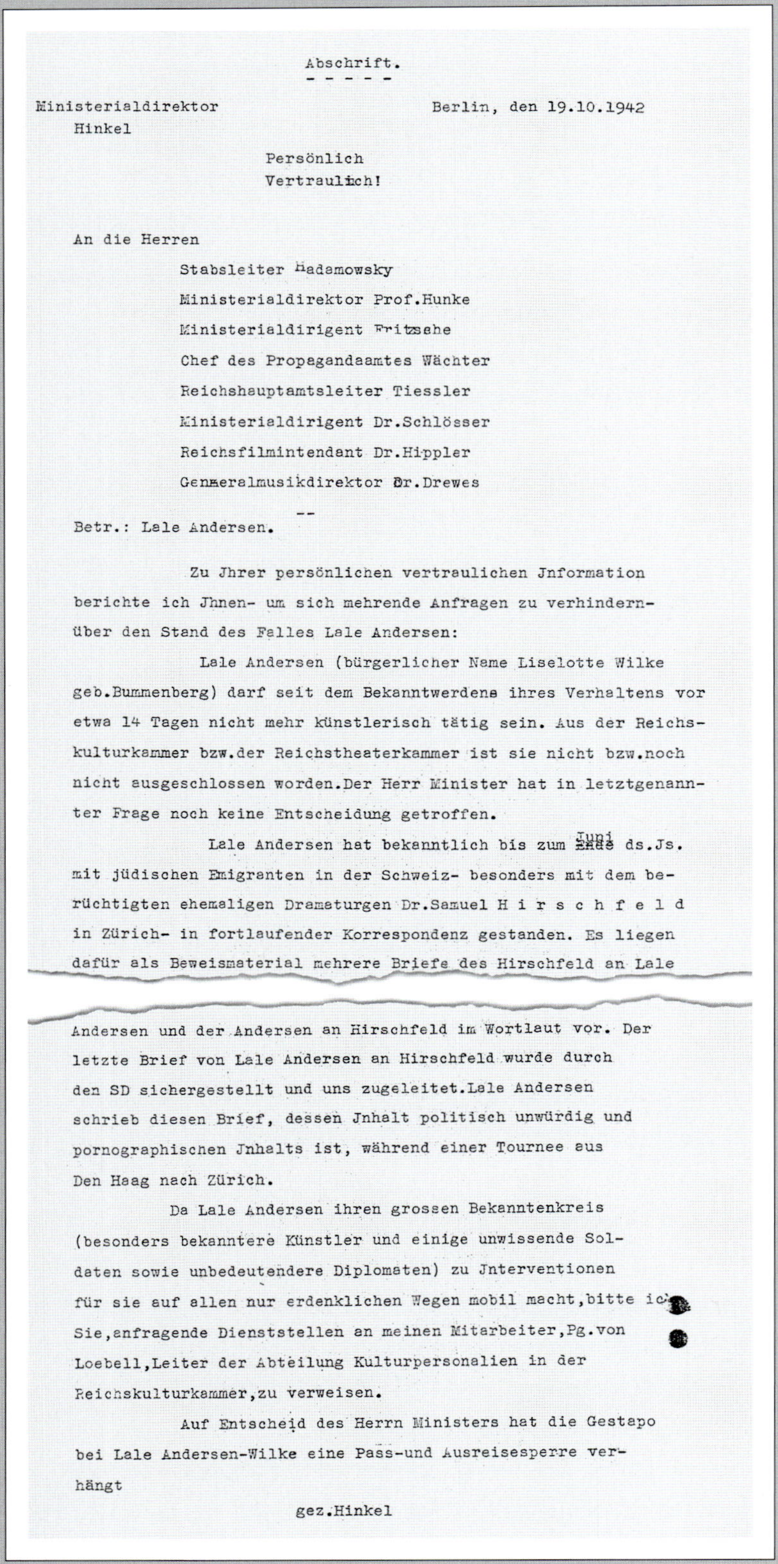

Abschrift.

Ministerialdirektor
Hinkel

Berlin, den 19.10.1942

Persönlich
Vertraulich!

An die Herren

Stabsleiter Hadamowsky
Ministerialdirektor Prof.Hunke
Ministerialdirigent Fritzsche
Chef des Propagandaamtes Wächter
Reichshauptamtsleiter Tiessler
Ministerialdirigent Dr.Schlösser
Reichsfilmintendant Dr.Hippler
Generalmusikdirektor Dr.Drewes

Betr.: Lale Andersen.

Zu Jhrer persönlichen vertraulichen Jnformation berichte ich Jhnen- um sich mehrende Anfragen zu verhindern- über den Stand des Falles Lale Andersen:

Lale Andersen (bürgerlicher Name Liselotte Wilke geb.Bunnenberg) darf seit dem Bekanntwerdens ihres Verhaltens vor etwa 14 Tagen nicht mehr künstlerisch tätig sein. Aus der Reichskulturkammer bzw.der Reichstheaterkammer ist sie nicht bzw.noch nicht ausgeschlossen worden.Der Herr Minister hat in letztgenannter Frage noch keine Entscheidung getroffen.

Lale Andersen hat bekanntlich bis zum Juni ds.Js. mit jüdischen Emigranten in der Schweiz- besonders mit dem berüchtigten ehemaligen Dramaturgen Dr.Samuel H i r s c h f e l d in Zürich- in fortlaufender Korrespondenz gestanden. Es liegen dafür als Beweismaterial mehrere Briefe des Hirschfeld an Lale Andersen und der Andersen an Hirschfeld im Wortlaut vor. Der letzte Brief von Lale Andersen an Hirschfeld wurde durch den SD sichergestellt und uns zugeleitet.Lale Andersen schrieb diesen Brief, dessen Jnhalt politisch unwürdig und pornographischen Jnhalts ist, während einer Tournee aus Den Haag nach Zürich.

Da Lale Andersen ihren grossen Bekanntenkreis (besonders bekanntere Künstler und einige unwissende Soldaten sowie unbedeutendere Diplomaten) zu Jnterventionen für sie auf allen nur erdenklichen Wegen mobil macht,bitte ich Sie,anfragende Dienststellen an meinen Mitarbeiter,Pg.von Loebell,Leiter der Abteilung Kulturpersonalien in der Reichskulturkammer,zu verweisen.

Auf Entscheid des Herrn Ministers hat die Gestapo bei Lale Andersen-Wilke eine Pass-und Ausreisesperre verhängt

gez.Hinkel

Abb. 89
Der Brief Hinkels zum Auftrittsverbot für Lale Andersen vom 19. Oktober 1942.

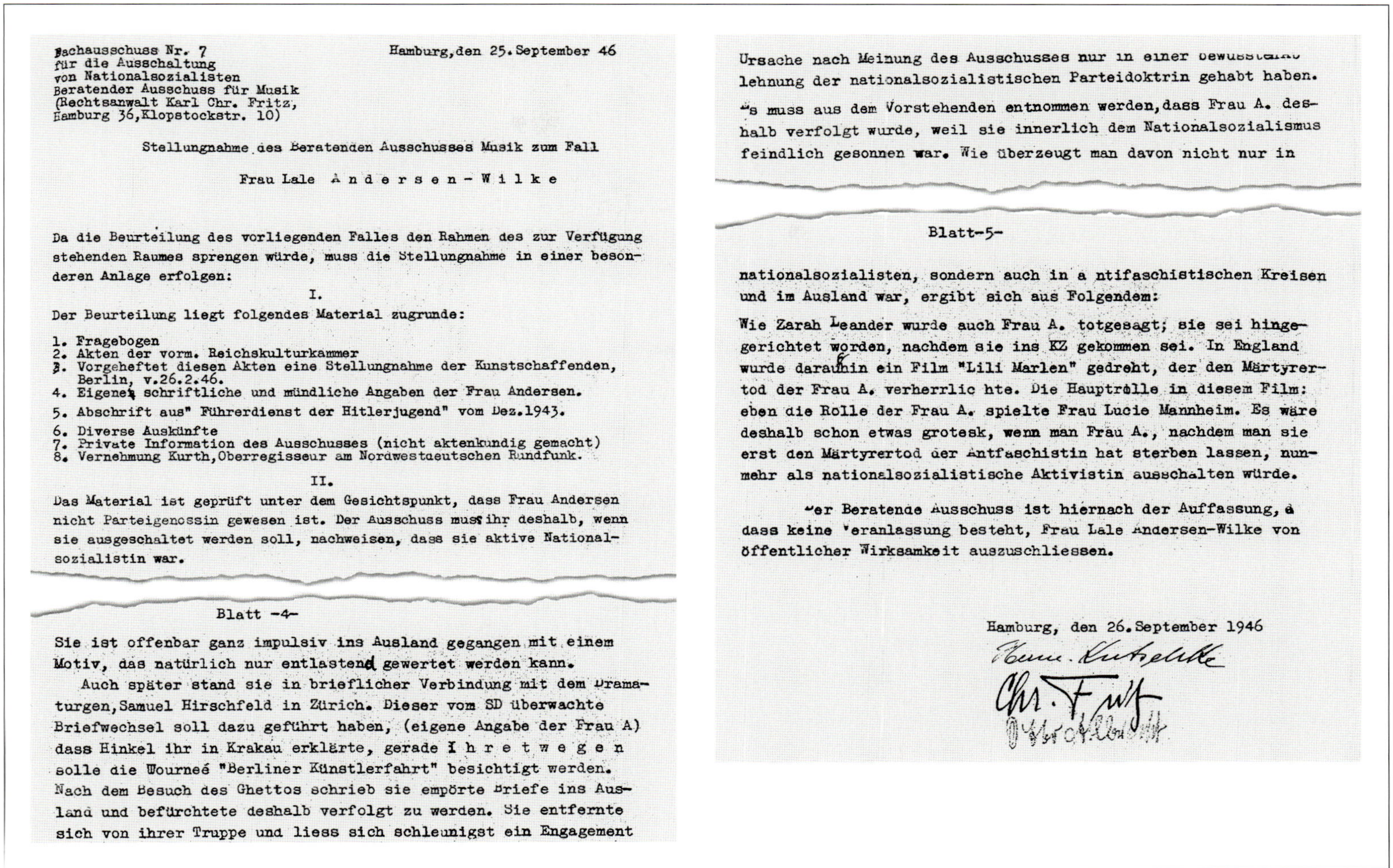

Dachausschuss Nr. 7 Hamburg, den 25. September 46
für die Ausschaltung
von Nationalsozialisten
Beratender Ausschuss für Musik
(Rechtsanwalt Karl Chr. Fritz,
Hamburg 36, Klopstockstr. 10)

Stellungnahme des Beratenden Ausschusses Musik zum Fall

Frau Lale A n d e r s e n - W i l k e

Da die Beurteilung des vorliegenden Falles den Rahmen des zur Verfügung stehenden Raumes sprengen würde, muss die Stellungnahme in einer besonderen Anlage erfolgen:

I.

Der Beurteilung liegt folgendes Material zugrunde:

1. Fragebogen
2. Akten der vorm. Reichskulturkammer
3. Vorgeheftet diesen Akten eine Stellungnahme der Kunstschaffenden, Berlin, v.26.2.46.
4. Eigene schriftliche und mündliche Angaben der Frau Andersen.
5. Abschrift aus" Führerdienst der Hitlerjugend" vom Dez.1943.
6. Diverse Auskünfte
7. Private Information des Ausschusses (nicht aktenkundig gemacht)
8. Vernehmung Kurth, Oberregisseur am Nordwestdeutschen Rundfunk.

II.

Das Material ist geprüft unter dem Gesichtspunkt, dass Frau Andersen nicht Parteigenossin gewesen ist. Der Ausschuss muss ihr deshalb, wenn sie ausgeschaltet werden soll, nachweisen, dass sie aktive Nationalsozialistin war.

Blatt -4-

Sie ist offenbar ganz impulsiv ins Ausland gegangen mit einem Motiv, das natürlich nur entlastend gewertet werden kann.
Auch später stand sie in brieflicher Verbindung mit dem Dramaturgen, Samuel Hirschfeld in Zürich. Dieser vom SD überwachte Briefwechsel soll dazu geführt haben, (eigene Angabe der Frau A) dass Hinkel ihr in Krakau erklärte, gerade I h r e t w e g e n solle die Tournee "Berliner Künstlerfahrt" besichtigt werden. Nach dem Besuch des Ghettos schrieb sie empörte Briefe ins Ausland und befürchtete deshalb verfolgt zu werden. Sie entfernte sich von ihrer Truppe und liess sich schleunigst ein Engagement

Ursache nach Meinung des Ausschusses nur in einer bewussten Ablehnung der nationalsozialistischen Parteidoktrin gehabt haben.
Es muss aus dem Vorstehenden entnommen werden, dass Frau A. deshalb verfolgt wurde, weil sie innerlich dem Nationalsozialismus feindlich gesonnen war. Wie überzeugt man davon nicht nur in

Blatt-5-

nationalsozialisten, sondern auch in antifaschistischen Kreisen und im Ausland war, ergibt sich aus Folgendem:
Wie Zarah Leander wurde auch Frau A. totgesagt; sie sei hingerichtet worden, nachdem sie ins KZ gekommen sei. In England wurde daraufhin ein Film "Lili Marlen" gedreht, der den Märtyrertod der Frau A. verherrlichte. Die Hauptrolle in diesem Film: eben die Rolle der Frau A. spielte Frau Lucie Mannheim. Es wäre deshalb schon etwas grotesk, wenn man Frau A., nachdem man sie erst den Märtyrertod der Antfaschistin hat sterben lassen, nunmehr als nationalsozialistische Aktivistin ausschalten würde.

Der Beratende Ausschuss ist hiernach der Auffassung, dass keine Veranlassung besteht, Frau Lale Andersen-Wilke von öffentlicher Wirksamkeit auszuschliessen.

Hamburg, den 26. September 1946

Abb. 90
Auszug eines Gutachtens des Dachausschusses für die Ausschaltung von Nationalsozialisten vom 25. September 1946. Fazit der Stellungnahme: Lale Andersen wurde verfolgt, weil sie dem Nationalsozialismus feindlich gesonnen war.

Es muss aus dem Vorstehenden entnommen werden, dass Frau A. deshalb verfolgt wurde, weil sie dem Nationalsozialismus feindlich gesonnen war. (Abb. 90)

Bei allen Unwägbarkeiten, die im folgenden aufgeführten Maßnahmen sind nachprüfbar. Im Mai 1942 ergeht vom Reichspropagandaamt Berlin in den »Kulturpolitischen Informationen« die Anordnung:

Die Zeitungen und Zeitschriften werden gebeten, Bilder der Sängerin Lale Andersen vor Veröffentlichung bei der Abteilung ZP. Kulturpresse vorzulegen.

Diese Anweisung wird im Juni wiederholt und am 17. Oktober 1942 steht in der »Kulturpolitischen Information Nr. 43«:

Die Presse wird gebeten, bis auf weiteres die Sängerin Lale Andersen nicht mehr zu erwähnen und auch keine Bilder von ihr zu veröffentlichen.

Anfang Oktober 1942 erhält Lale Andersen Auftrittsverbot sowie eine Pass- und Ausreisesperre. Einem vertraulichen Rundschreiben von Ministerialdirektor Hinkel an einige seiner Kollegen ist die Begründung zu entnehmen:

Lale Andersen hat bekanntlich bis zum Juni ds. Js. mit jüdischen Emigranten in der Schweiz – besonders mit dem berüchtigten ehemaligen Dramaturgen Dr. Samuel [Kurt, d. V.] *Hirschfeld in Zürich in fortlaufender Korrespondenz gestanden. Es liegen dafür als Beweismaterial mehrere Briefe des Hirschfeld an Lale Andersen und der Andersen an Hirschfeld im Wortlaut vor. Der letzte Brief von Lale Andersen an Hirschfeld wurde durch den SD [Sicherheitsdienst, d. V.] sichergestellt und uns zugeleitet. Lale Andersen schrieb diesen Brief, dessen Inhalt politisch unwürdig und pornographischen Inhalts ist, während einer Tournee aus Den Haag nach Zürich.*

Lale Andersens schriftliche Ausführungen für den »Ausschuss für die Ausschaltung von Nationalsozialisten« enthalten dazu die folgenden Passagen:

Kurz bevor die Ausreise in die Schweiz perfect schien, wurde ich, von einer Lazarett-Betreuung aus Italien kommend, am Brenner verhaftet, und in Berlin ins Prop. [Propaganda, d. V.] Ministerium bestellt, wo man mir wegen erwiesenem Philosemitismus und Antifaschismus jegliches Auftreten in Deutschland untersagte und mitteilte, dass ich ins K.Z. gehöre.

Zudem erklärt die Künstlerin:

Ich Trottel ahnte zu dieser Zeit allerdings nicht, dass durch Spitzel des Züricher Bundes der Auslandsdeutschen Berichte über mein Leben von 33–38 in Züricher Emigranten- und Antifaschisten-Kreisen nach Berlin gegangen waren und dass meine Berichte über Deutschland ins Ausland vom S. D. kopiert wurden. Dies erfuhr ich erst, als ich, weil ich im Herbst 42 eine offizielle Besprechung mit Herrn Hinkel verlassen hatte, ohne den deutschen Gruss auszubringen, in die Reichskanzlei bestellt wurde, um mich dafür zu verantworten. Bei dieser Gelegenheit teilten es mir Staatssekretär Gutterer und Herr Hinkel brüllend mit.

Der Schriftverkehr zwischen Lale Andersen und Kurt Hirschfeld ist in den Akten der ehemaligen Reichskulturkammer sowie in den Akten des »Ausschusses für die Ausschaltung von Nationalsozialisten« nicht vorhanden. Es ist vorstellbar, dass die Reichskulturkammer der Briefe nicht habhaft wurde, oder auch, dass ein Brief an Hirschfeld »pornographischen Inhalts« gar nicht existierte. Auszuschließen ist zudem nicht, dass es sich um einen Brief von Lale an Rolf Liebermann gehandelt hat, den die Sängerin an Hirschfeld, den gemeinsamen Freund, adressiert hatte mit der Bitte um Weitergabe, da Liebermann oft auf Reisen war und sie seine jeweilige Adresse nicht kannte.

In ihren literarischen Lebenserinnerungen spricht die Andersen von Briefen an Mendelson [Liebermann, d. V.] aus Rom und Mailand, mit denen Henkel [Hinkel, d. V.] in seinen Schlachterhänden gewedelt habe, an anderer Stelle von Briefen an Hirschfeld.

Mit Auftrittsverbot belegt und aus Angst und Verzweiflung, verhaftet und ins Konzentrationslager verschleppt zu werden, nimmt die Künstlerin eine Überdosis Schlaftabletten. Sohn Michael berichtet, dass die Wirtschafterin sie findet und Fritz Pasche die Bewusstlose ins Krankenhaus bringt, wo ihr der Magen ausgepumpt wird.

Die folgenden Monate sind für Lale Andersen die schwersten in ihrem Leben. Sie weiß nicht, was ihr droht, und sie ist zur Untätigkeit verurteilt. Zur nervlichen Belastung kommt die finanzielle. Versuche, anderweitig Arbeit zu finden, scheitern. Sie will wieder singen.

Im April 1943 wird von der BBC folgender Beitrag ausgestrahlt, unterlegt mit einer Instrumentalfassung von *Lili Marleen*:

Ist es Ihnen aufgefallen, dass sie dieses Lied schon lange nicht mehr gehört haben? Warum wohl? Vielleicht deshalb, weil Lale Andersen im Konzentrationslager ist? Wie immer dem sei, die Worte des Liedes sind heute nicht mehr aktuell. Wie würden sie lauten, wenn Lili Marleen ihren Soldaten heute einen Brief schriebe:

Vielleicht fällst Du in Russland
vielleicht in Afrika
Doch irgendwo da fällst Du
so will's Dein Führer ja
Und wenn wir dort uns wiederseh'n
wo möge die Laterne steh'n
In einem andren Deutschland
Deine Lili Marleen.

Das Dementi des Propagandaministeriums folgt umgehend und die Briten werden als Lügner bloßgestellt.

Mit Schreiben vom 15. Mai 1943 genehmigt Ministerialdirektor Hinkel Lale Andersen die künstlerische Betätigung unter bestimmten Bedingungen. Es wird ihr unter anderem untersagt, *Lili Marleen* zu singen oder sich mit dem Soldatensender Belgrad in Verbindung zu bringen sowie vor Soldaten, auf staatlichen Veranstaltungen oder im Rundfunk aufzutreten. (Abb. 91)

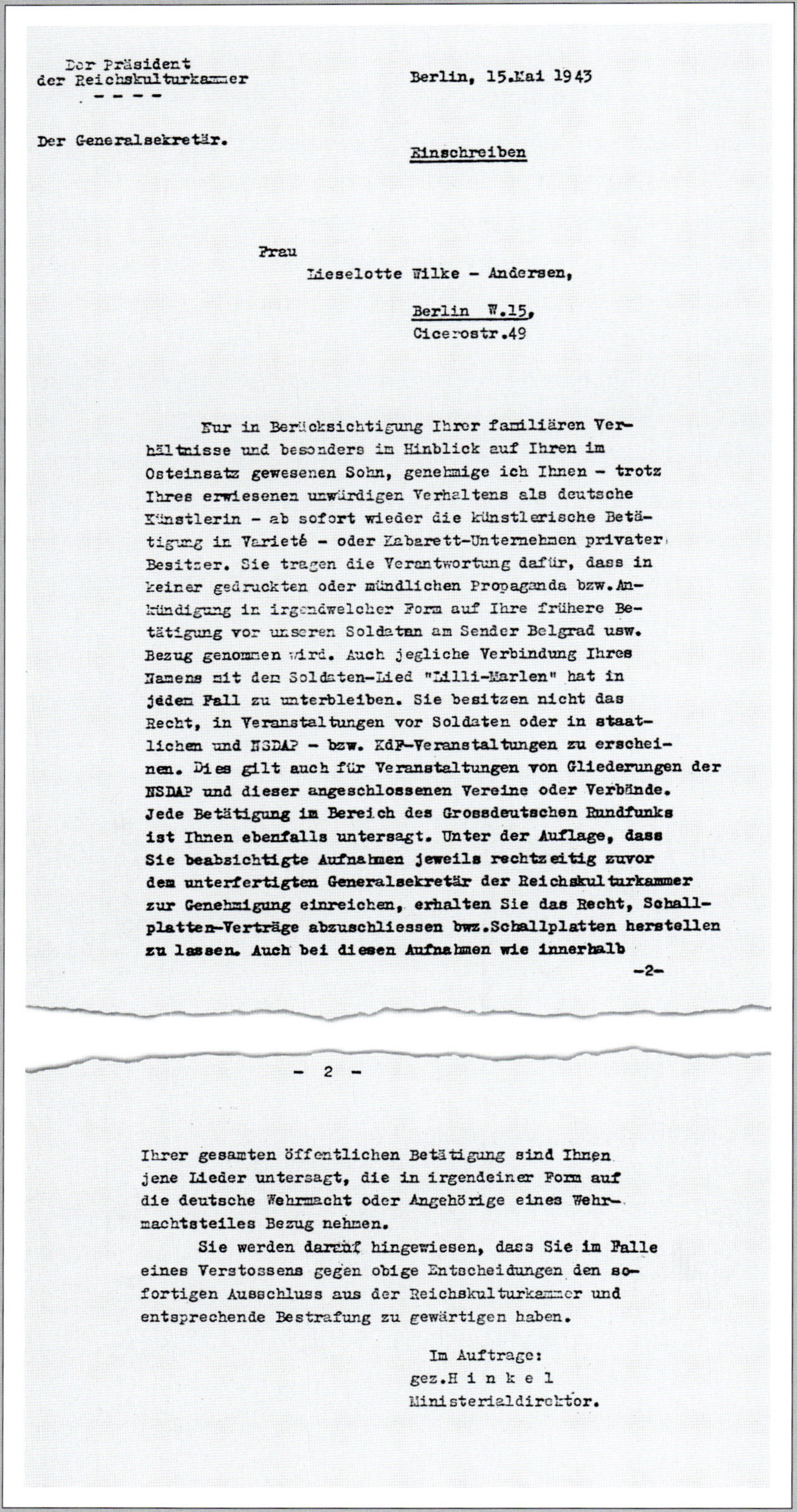

Der Präsident
der Reichskulturkammer
- - - -

Berlin, 15.Mai 1943

Der Generalsekretär.

Einschreiben

Frau
Lieselotte Wilke - Andersen,
Berlin W.15,
Cicerostr.49

Nur in Berücksichtigung Ihrer familiären Verhältnisse und besonders im Hinblick auf Ihren im Osteinsatz gewesenen Sohn, genehmige ich Ihnen - trotz Ihres erwiesenen unwürdigen Verhaltens als deutsche Künstlerin - ab sofort wieder die künstlerische Betätigung in Varieté - oder Kabarett-Unternehmen privater Besitzer. Sie tragen die Verantwortung dafür, dass in keiner gedruckten oder mündlichen Propaganda bzw.Ankündigung in irgendwelcher Form auf Ihre frühere Betätigung vor unseren Soldaten am Sender Belgrad usw. Bezug genommen wird. Auch jegliche Verbindung Ihres Namens mit dem Soldaten-Lied "Lilli-Marlen" hat in jeden Fall zu unterbleiben. Sie besitzen nicht das Recht, in Veranstaltungen vor Soldaten oder in staatlichen und NSDAP - bzw. KdF-Veranstaltungen zu erscheinen. Dies gilt auch für Veranstaltungen von Gliederungen der NSDAP und dieser angeschlossenen Vereine oder Verbände. Jede Betätigung im Bereich des Grossdeutschen Rundfunks ist Ihnen ebenfalls untersagt. Unter der Auflage, dass Sie beabsichtigte Aufnahmen jeweils rechtzeitig zuvor dem unterfertigten Generalsekretär der Reichskulturkammer zur Genehmigung einreichen, erhalten Sie das Recht, Schallplatten-Verträge abzuschliessen bwz.Schallplatten herstellen zu lassen. Auch bei diesen Aufnahmen wie innerhalb
-2-

- 2 -

Ihrer gesamten öffentlichen Betätigung sind Ihnen jene Lieder untersagt, die in irgendeiner Form auf die deutsche Wehrmacht oder Angehörige eines Wehrmachtsteiles Bezug nehmen.

Sie werden darauf hingewiesen, dass Sie im Falle eines Verstossens gegen obige Entscheidungen den sofortigen Ausschluss aus der Reichskulturkammer und entsprechende Bestrafung zu gewärtigen haben.

Im Auftrage:
gez.H i n k e l
Ministerialdirektor.

Abb. 91
Brief der Reichskulturkammer vom 15. Mai 1943: Lale Andersen wird die private künstlerische Betätigung wieder erlaubt. Mit dem Lied *Lili Marleen* oder mit dem Namen darf sie sich nicht in Verbindung bringen.

Abb. 92
Lale Andersen darf zwar privat wieder auftreten, die Presse ist allerdings angewiesen, zurückhaltend zu berichten und keine Fotos abzudrucken.

Am 13. Juni 1943 steht Lale Andersen in Dresden nach neunmonatigem Auftrittsverbot wieder auf der Bühne. Mit ihrem Pianisten Friedrich Pasche und dem Orchester Kurt Giese geht die Reise quer durch Deutschland: Hamburg »Conventgarten«, Jena, Bad Kissingen, Frankfurt am Main, Baden-Baden. (Abb. 94) Von viel Beifall und vollbesetzten Häuser spricht die Presse, der es nun wieder erlaubt ist, über Lale Andersen zu berichten – aber zurückhaltend und auf keinen Fall in hervorhebender Weise oder mit Fotografie.

So finden wir zwischen 1943 und 1945 lediglich ein Privatfoto in einem der Alben der Künstlerin, das sie im Sommer 1943 auf der Bühne zeigt. (Abb. 93)

Orchester und Pianist wechseln im Spätsommer '43. Zunächst ist die Sängerin mit Hans Busch unterwegs und dann mit dem Orchester John Witjes. Am Flügel wird sie von Ernst Weilemann begleitet. Von Halberstadt über Bamberg, Reichenbach, Nürnberg, München und Darmstadt nach Wiesbaden, wo sie im Januar 1944 singt.

Es wird zunehmend schwieriger, die Tournee fortzusetzen, mal ist das Orchester nicht vollständig, da ein Mitglied einberufen oder zum Einsatz zurück beordert wird, oder die Veranstaltungssäle sind von Bomben zerstört. Bis Ende 1944 müssen immer mehr Veranstaltungen abgesagt oder bis auf weiteres verschoben werden. Das Chaos

Abb. 93
Das einzige Foto der Künstlerin aus den Jahren 1943 bis1945 aus ihrem privaten Album.

breitet sich mehr und mehr aus. Bahnhöfe und Eisenbahnschienen sind nicht mehr passierbar. Die Künstlerin bleibt mit Sohn Michael in Berlin. Vorsichtshalber hat sie im Märkischen ein Zimmer gemietet, falls die Wohnung zerstört werden sollte.

Dann entscheiden sich Mutter und Sohn, das Angebot des Freundes Nicki Rummert anzunehmen, der Reiseleiter der letzten Tourneen gewesen war. Ihn hatte es nach Wilhelmshaven verschlagen, und von dort aus war er nach Langeoog versetzt worden. Die Insel Langeoog, so schreibt er, sei ein kleines Paradies. Zu essen gäbe es zur Genüge.

Im Februar 1945 verlässt Lale Andersen mit ihrem jüngsten Sohn die Reichshauptstadt. Nach zweitägiger Reise gelangen die beiden an die Nordseeküste. Die Überfahrt auf die ostfriesische Insel glückt mit einem Versorgungsdampfer der deutschen Wehrmacht. Dem Bombenhagel auf Berlin entkommen, erleben Lale Andersen und ihr Sohn Michael die Befreiung durch kanadische Soldaten auf der Insel Langeoog.

In einer notdürftig hergerichteten, ehemaligen Wehrmachtsbaracke in den Dünen von Langeoog zieht die Sängerin mit dem Sohn und dem Freund Nicki Rummert ein. Sie nennt diese Bleibe »Musentempel«. Die Insel Langeoog wird ihre zweite Heimat werden, ihr Refugium für die Sommerzeit. Aus dem »Musentempel« entsteht im Laufe der Jahre der »Sonnenhof«.

Wer sich hinter der blonden Flüchtlingsfrau verbirgt, spricht sich auf der Insel schnell herum. Michael stellt sich bei jeder passenden und unpassenden Gelegenheit als Sohn von Lale Andersen, der »Lili Marleen« vor. Ein kanadischer Offizier geht dem Gerücht nach.

Die Nachkriegskarriere der Andersen beginnt mit einem Konzert für deutsche und kanadische Verwundete im Juni 1945 auf Langeoog.

Kapitel 4 1946–1949
Hamburg – Zürich

Die Hochzeit der »Lili Marleen«

»The Original Singer of Lili Marleen« in der Britischen Zone? Das finden die Engländer *thrilling*. Sie kannten die Melodie – doch nicht die Frau, die sie als Erste gesungen hat. Die Popularität der siamesischen Zwillinge Lili und Lale ist ungebrochen. Nun hält die Künstlerin nichts mehr auf der Insel Langeoog. Wie stets, wenn sie ein neues Ziel ansteuert, ruft sie sich zum Aufbruch ein entschiedenes »Ahoi!« zu und macht sich auf den Weg der Eroberung.

Nr. 240 Ausgabetag: 16. Dez. 1947

PASS

Herrn/Frau/Frl. Lale Andersen ist es gestattet, das Sendegebäude des Nordwestdeutschen Rundfunks, Hamburg, zu betreten. Gültig bis 31.3.48

Broadcasting Control Unit (Hamburg)

E. Rainford

Unterschrift des Paßinhabers

Diese Karte berechtigt nicht zum Eintritt in die Kantine.

Abb. 94
Mit einem strahlenden Lächeln in die Nachkriegszeit …

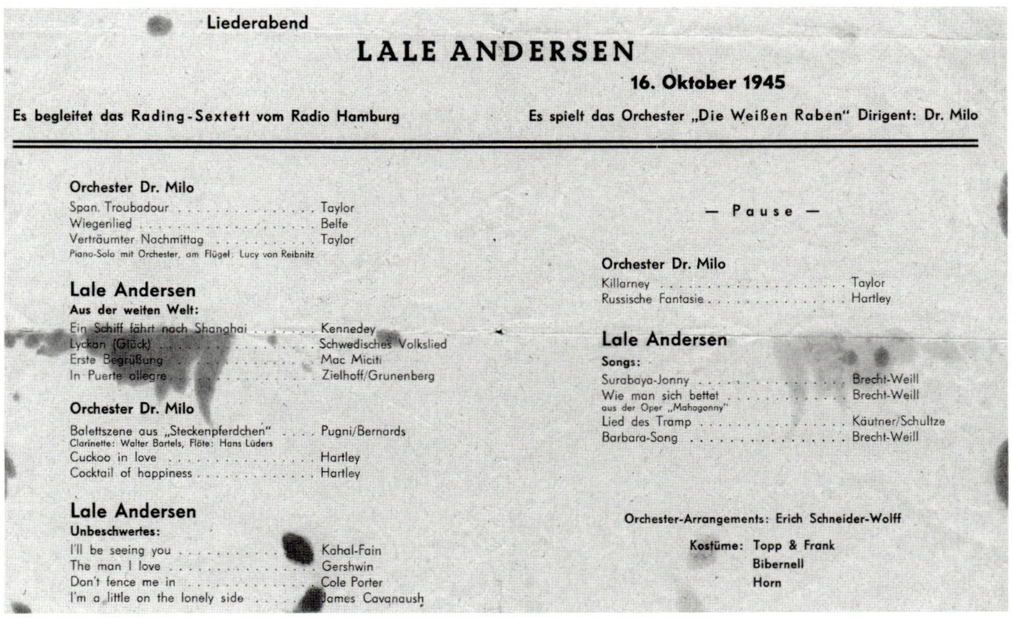

Liederabend

LALE ANDERSEN

16. Oktober 1945

Es begleitet das Rading-Sextett vom Radio Hamburg

Es spielt das Orchester „Die Weißen Raben" Dirigent: Dr. Milo

Orchester Dr. Milo

Span. Troubadour . . . . . Taylor
Wiegenlied . . . . . Belfe
Verträumter Nachmittag . . . . . Taylor
Piano-Solo mit Orchester, am Flügel: Lucy von Reibnitz

Lale Andersen

Aus der weiten Welt:

Ein Schiff fährt nach Shanghai . . . . . Kennedey
Lyckan (Glück) . . . . . Schwedisches Volkslied
Erste Begrüßung . . . . . Mac Miciti
In Puerte allegre . . . . . Zielhoff/Grunenberg

Orchester Dr. Milo

Balettszene aus „Steckenpferdchen" . . . . Pugni/Bernards
Clarinette: Walter Bartels, Flöte: Hans Lüders
Cuckoo in love . . . . . Hartley
Cocktail of happiness . . . . . Hartley

Lale Andersen

Unbeschwertes:

I'll be seeing you . . . . . Kahal-Fain
The man I love . . . . . Gershwin
Don't fence me in . . . . . Cole Porter
I'm a little on the lonely side . . . . James Cavanaush

— Pause —

Orchester Dr. Milo

Killarney . . . . . Taylor
Russische Fantasie . . . . . Hartley

Lale Andersen

Songs:

Surabaya-Jonny . . . . . Brecht-Weill
Wie man sich bettet . . . . . Brecht-Weill
aus der Oper „Mahagonny"
Lied des Tramp . . . . . Käutner/Schultze
Barbara-Song . . . . . Brecht-Weill

Orchester-Arrangements: Erich Schneider-Wolff

Kostüme: Topp & Frank
Bibernell
Horn

Abb. 95
Erste Auftritte nach dem Krieg.

Dieses Mal ist es der Nordwestdeutsche Rundfunk in Hamburg, der mittlerweile von den Engländern geleitet wird. (Abb. 94) Ihr Zuhause für die nächsten Jahre wird die Heimhuder Straße in Hamburg. Sie wohnt bei ihrer langjährigen Freundin, der Tänzerin Gabriele Merck-Bruck.

Bereits im September singt sie in Hamburg im »Palladium« wieder vor Publikum. Im Oktober gestaltet Lale einen Abend mit englischen und deutschen Liedern sowie mit Songs von Brecht und Weill. (Abb. 95)

Lales Aktionsradius ist zunächst auf die britische Besatzungszone beschränkt. Grenzübertritte in eine der drei anderen Zonen, der amerikanischen, russischen oder französischen, werden von den Militärbefehlshabern nicht gestattet. Die Anzahl ihrer Engagements lässt zu wünschen übrig bis die Sängerin 1947 die Erlaubnis erhält, auch in der amerikanischen Zone aufzutreten.

Unterhaltung und Amüsement sind in der unmittelbaren Nachkriegszeit angesichts von Hunger, Not und der Konfrontation mit den Dokumenten der Vernichtung in den Konzentrationslagern nicht gefragt.

Im Deutschland der Ruinen lagen auch die Produktionsstätten der Musikindustrie in Schutt und Asche. Um überhaupt wieder eine Platte einspielen zu können, reist Lale Andersen in die Schweiz. Für die Firma Decca nimmt sie zwei Chansons auf: *Sing' Nachtigall, sing* und *Das Meer*.

Während die tatsächlichen Träume um den Durchmesser einer Blutwurst kreisen, träumt man in den Schlagern bereits – oder wieder – von Capri und der Südsee. Ralph Siegel und Gerhard Winkler hatten die Capri-Fischer bereits 1943 geschrieben und produziert, doch erst Rudi Schuricke glückt 1946 der Durchbruch, der Magda Hain 1943 versagt geblieben war. Ins Traumland der Südseeinsel locken Undine von Medvey und Peter Rebhuhn dann 1947 mit *Komm mit mir nach Tahiti*.

Die bekannten Schlager der Jahre 1946–1949 beschränken sich auf zwei Themen: selbstironische und humoristische Aufarbeitung der Nachkriegssituation sowie Seemannsromantik. Für die erstgenannte Gruppe steht *Also wissen se, nee* von Bully Buhlan, der *Trizonesien-Song* von Karl Berbuer und *Wer soll das bezahlen* von Jupp Schmitz. *Auch Matrosen haben eine Heimat* von Gustav Neidlinger repräsentiert das zweitgenannte, vielgeliebte Genre, das bis weit in die 60er-Jahre erfolgreich produziert wird, wobei das Thema »Fernweh« die Hitliste anführt. Das erträumte Paradies liegt an einem anderen Ort, ist eine Südseeinsel oder eine italienische Hafenstadt. Die Entfernung war dabei nicht ausschlaggebend, denn alle Reiseziele waren gleichermaßen unerreichbar. Unter »Fernweh« lässt sich auch die Sparte der Western-Songs subsumieren, eine Folge des Spielfilmangebots der Amerikaner zu Beginn der 50er-Jahre.

Abb. 96
Just married, Zollikon bei Zürich, 15. Juni 1949.

Für die Schlager, die bewusst die Realität ausblenden und die Flucht in die Ferne idealisieren, prägt der Volksmund Ende der 40er-Jahre die Bezeichnung »Schnulze«.

Lale Andersen, die »Vortragskünstlerin Brecht'scher Stilart«, ist stolz darauf, dass ihre Chansons von Dichtern geschrieben wurden, und sie betont stets, wie sehr es ihr gefalle, dass auch und gerade *Lili Marleen* von einem Dichter stammt. Damit ist es jetzt vorbei. Die Musikindustrie des ersten Nachkriegsjahrzehnts setzt andere Maßstäbe. Unter wirtschaftlichen Gesichtspunkten galt in der Branche in erster Linie die Akzeptanz der Interpreten. Was sie im Einzelnen sangen, war zweitrangig.

Von den Produktionsbedingungen und dem Zeitgeist einmal abgesehen, gab es drei Faktoren, die den künstlerischen Werdegang der Andersen prägten: Ihr Bekanntheitsgrad als Lili Marleen, ihr Alter und ihr zweiter Ehemann, der Schweizer Komponist Artur Beul.

Deren Eheschließung am 15. Juni 1949 in Zollikon bei Zürich präsentiert die internationale Presse selbstverständlich als die Hochzeit der Lili Marleen. (Abb. 96–100)

Die Sängerin und der Komponist lernten sich 1948 bei der Schallplattenfirma Decca in der Schweiz kennen. Der zehn Jahre jüngere Beul hatte seinen Beruf als Mittelschullehrer aufgegeben und arbeitete als Organist im Zürcher Kino Apollo. Er hatte einen Hit (*Nach em Räge schiint Sunne*) komponiert, der 1945 unter dem englischen Titel *When a Swiss Boy Goes Calling to a Swiss Miss in June*, gesungen von den drei Andrew Sisters, Nr. 1 in Amerika geworden war. Einer der zahlreichen amerikanischen Soldaten, die

Abb. 97
Das Ehepaar in seinem Haus in der Schweiz.

SHERRY is the produce of SPAIN

PROGRESS

News Chronicle

No. 32,153 — THURSDAY, JUNE 16, 1949 — ONE PENNY

RAIL HOPES ARE BRIGHTE[…]

But it all depends on what happens next Sunday

By MARGARET STEWART, the Industrial Correspondent

HOPES OF PEACE ON THE RAILWAYS BRIGHTENED CONSIDERABL[Y LAST NIGHT] […]

After all-day discus[…] tion officer, Sir Robert […] of Labour, the way is […]

Wedding of Lili Marlene

News Chronicle Reporter

Do you remember "Lili Marlene," Hitler's Afrika Korps battle-anthem which became the greatest Allied song-hit of the war? . . .

IT is a long time since the original Lili—Miss Lale Andersen, husky - voiced singer, descendant of Hans Andersen—first sang in a cabaret in Germany in 1938 the sad little song, written by Hans Leip, about a girl waiting underneath a lamp-post. And recorded it.

Early in the war a German announcer played the record by mistake to German troops Belgrade. It was a hit

By telephone from Zurich last night 38-year-old Miss Andersen told me: "The song had been rejected by publishers dozens of times."

The Afrika Korps adopted "Lili Marlene." The Eighth Army captured it. Every slit-trench in Libya, every mess sang about the girl at the barrack-gate.

Everyone, that is except Lale Andersen.

Goebbels, enraged at the Allied troops' "capture" of it, ordered her to Belgrade to broadcast it personally. She refused.

Goebbels played the tune to signalise every German gain. We retorted by playing it as we drove Rommel out of Egypt—and thereafter made it the signature tune of every Allied victory.

Goebbels threatened Miss Andersen with a concentration camp.

She took tablets, feigned suicide when the Gestapo arrived for her.

Goebbels tried to ban the song. But the Americans, too were […]

The B.B.C. recorded that Miss Andersen had been arrested.

To counter this, Goebbels set her free, brought her forth to troops from time to time to prove that British news was wrong

"Underneath a lamp-post—" sang the Allied troops on D-day, sang the wardens, sang the girls.

But still Lili herself was not singing it. She was interned on a Friesian (North Sea) island

"Lili Marlene" was interned, too. The Custodian of Alien Property took over the copyright of the song.

When peace came Miss Andersen was allowed to go to Switzerland to make commercial broadcasts.

Why did I telephone her at Zurich last night?

Well, "Lili Marlene" was married there yesterday to Mr. Arthur Beul, a composer.

And the guests at the reception insisted on her singing the famous song.

But I was not the only one to telephone her. Her daughter by a former marriage—19-year-old Mrs. Dudley Magnus, of Hastings—did so, too.

"How are you, Mummy?" asked Mrs. Magnus.

No longer wistful, the Sweetheart of Both Sides, about to leave for her honeymoon in Italy, answered: "Wunderbar! We will come to see you in England in September. . ."

—and here she is

"Lili Marlene" and Arthur Beul photographed in Zurich a few days ago

Extrait au Journal:

Time, Chicago

15. Aug. 1949

[…] on tour.

Heard about Lilli? 0578

As a poignant little fräulein of a song, German-born *Lilli Marlene* had Axis and Allied troops alike seething and sighing over her during World War II.

Underneath the lantern, by the barrack gate,
Darling, I remember the way you used to wait . . .
My Lilli of the lamplight,
*My own Lilli Marlene.**

Last week, *Lilli* was making news again in England, and, with Victor, Columbia, Decca *et al.* catching up fast, she was about to do likewise in the U.S. Leading Britain's hit parade for the sixth week was a simple little ditty bringing the story up to date. Lyricist Tommie (*Under the Spreading Chestnut Tree*) Connor, who had written a set of words for an English version of the original Lilli song, had figured that most of her wartime admirers were back home with wives of their own; so, with Songsmith Johnny Reine providing matrimonial music, he had made an honest woman of her too. Sample from their *The Wedding of Lilli Marlene*:

As she knelt where the candle-lights were gleaming,
It seemed the choir sang soft and low,
"Farewell my angel of the lamplight,
We'll always love you so."†

Just who got her, was purposely left a little vague.

Abb. 98
Reaktionen der internationalen Presse, von Lale Andersen festgehalten in ihrem Erinnerungsalbum.

e Row
Webb

AMERICA TESTS NEW A-BOMB

From ROBERT WAITHMAN

WASHINGTON, Wednesday.

THERE has been a "radical change in design" of atomic bombs the United States is now producing.

The new bombs were secretly tested at Eniwetok atoll in the Pacific just over a year ago and the tests were "successful."

Production of the plutonium for the improved bombs will begin on June 27 at Hanford, in the North-Pacific state of Washington, amid extraordinary precautions against the possibility that ill-effects may be suffered by workers or families living in the neighbourhood.

Chairman accused

Fragment...

"TUTTE LE SERE SOTTO QUEL FANAL...."

Verso una nuova luna di miele
Lilì Marlène, povera e stanca ragazza

UNA RAGAZZA HA FINITO DI ASPETTARE SOTTO UN FANALE

"Lili Marlene„ ha trovato in Svizzera marito e serenità

COMINCIO' CON UN DISCO SBAGLIATO

UNA RAGAZZA HA FINITO DI ASPETTARE SOTTO UN FANALE

Lilí Marlen se ha casado con un compositor suizo

Azorosa historia de una gran artista

LA VISITA DE LILI MARLEN y la segunda invasión de los Vikingos

Los "Ratas del Desierto" desean conocer a la poseedora de la voz que los llamaba desde Radio Belgrado

Sang to the 'Desert Rats'

Miss Lale Andersen, better known as "Lili Marlene" as she was the first to sing the song by Hans Leip, adopted by the German Afrika Korps and broadcast to make the Desert Rats homesick, celebrating her recent marriage to Mr. Arthur Beul the Swiss composer. The reception was held at her husband's home near Zurich, Switzerland.

LILI' MARLENE SPOSA

Lale Andersen, la ben nota cantante tedesca che rese famosa la canzone « Lili Marlene » ha sposato presso Zurigo il compositore svizzero Arthur Beul. Ecco gli sposi dopo la cerimonia

La'e Andersen, la artista a'emana que popularizó mundia'mente la canción "Li'i Mar'ene", la más famosa de la ú'tima guerra, se ha casado en Suiza con el compositor helvético Arthur Beu!. Aquí ve-mos a la feliz pareja en su residencia de Zollikon

Abb. 99
Inszenierter Auftritt für die Fotografen.

nach dem Zweiten Weltkrieg in der Schweiz Urlaub machten, hatte Beuls Komposition einem Musikverleger seiner Heimat empfohlen.

Artur Beul erweckt den Eindruck eines Menschen, der in den Traditionen seiner Heimat verwurzelt ist. Seine Kompositionen reihen sich in die Kategorie der volkstümlichen »Schweizermusik« ein. Die 1994 in der Edition Swiss Music erschienene Autobiografie legt die Interpretation nahe, Beuls Lebensweg sei geprägt von der ständigen Sorge seiner Mutter und seiner Lehrer, aus ihm könne nichts Rechtes werden, weil seine männlichen Vorfahren allesamt Künstler waren, und sie fürchteten, er könne deren leichtes Gemüt geerbt haben.

Artur Beul wuchs ohne seinen Vater auf. Dieser war neununddreißigjährig gestorben, ein talentierter Maler, der kurz vor seinem künstlerischen Durchbruch stand. Um der Verbundenheit und der Zuneigung zu seinem ihm unbekannten Vater Ausdruck zu verleihen, und um deutlich zu machen, dass aus dem Sohn doch etwas geworden war, sollte Artur Beul eine ungewöhnliche Lösung finden:

So hatte er frühzeitig seine letzte Ruhestätte in dem Ort Lachen erworben und verfügte, dass auf dem Grab eine bronzene Büste stehen sollte, die er zu seinem 75. Geburtstag hatte anfertigen lassen, »damit sich spätere Generationen eine Vorstellung machen können, wie ich aussah«. In die Marmorplatte des Grabes sollten in bronzenen Buchstaben die Titel seiner bekanntesten Lieder geprägt werden: *Nach em Räge schiint Sunne*, *Stägeli uff, Stägeli ab*, *Am Himmel stoht es Sternli*, *Über Gotthard flüged Bräme*,

Abb. 100
Aus der »Einsiedelei Artur Beul« ist eine Zweisiedelei geworden.

Abb. 101
Artur Beul, Hans Albers und Michael Jary.

Glarner Ziger-Lied, *Lache am Zürisee*. Aber dieses Grab soll auch die Ruhestätte seiner zweiten Frau Pat und die seines Vaters sein. Den Schädel seines Vaters hatte er anlässlich einer Graböffnung an sich genommen und seitdem in seinem Haus verwahrt. Aus der Anwesenheit dieses Schädels zieht Artur Beul Kraft, nach seinen Worten hatte er ihn stets davor bewahrt, »den Boden unter den Füßen zu verlieren«.

Abb. 102
Die Trauzeugin und enge Freundin, Ilse Werner, zu Gast bei Ehepaar Beul.

Was im Leben geholften hat, das wird auch im Tod seine Wirkung entfalten. Artur Beul hat eine Begabung, Defizite kreativ auszugleichen. Von ihm wird – anders als vom Vater – eine Bronzebüste überdauern.

Durch die Eheschließung mit Lale Andersen sollte der Glanz der berühmten Lili Marleen auch Artur Beul umhüllen.

Aus der Beul'schen Biografie erfahren wir über Lale Andersen wenig, und wenn dann nur Klischees, wie etwa: »In den 24 Jahre unserer Ehe gab es viele Freuden und auch Sorgen, wie in jeder anderen Ehe auch.« Er gibt jedenfalls zu, dass er Lale Andersen viel verdankt. Sie hätte ihm die Türen zu bekannten Künstlern und Interpreten geöffnet, zu Menschen, denen er sonst nie im Leben begegnet wäre: Hans Albers, Michael Jary und Grethe Weiser. (Abb. 101, 102) In der Zeit mit ihr, vermutlich bezieht er sich auf den Anfang der 50er-Jahre, lag sein beruflicher Höhepunkt. In späteren Jahren, als die amerikanische Rockmusik auch in der Schweiz en vogue wird, geht Beul nach Südfrankreich und lebt dort von der Malerei.

Eine Liebesheirat war es sicher nicht, aber eine gute Partnerschaft, von der beide zeitweilig profitierten: Lale Andersen erhält die Schweizer Staatsangehörigkeit. In dem politisch neutralen Staat findet sie Sicherheit und günstige steuerliche Bedingungen. Nach ihren bisherigen Erfahrungen und Entbehrungen sicherlich eine kluge Entscheidung. Immerhin – der Auserwählte war Schweizer und Komponist –, auch wenn er nicht Rolf Liebermann heißt. Die Fähigkeit sich anzupassen, das ins Auge gefasste Ziel beharrlich zu verfolgen, besitzt sie nach wie vor.

Diese Verbindung schließt eine Aufwertung für beide Seiten mit ein: Sie ist nun wieder eine verheiratete Frau, der Gatte Komponist, gut aussehend und erheblich jünger. Er ist ein verheirateter Mann, seine Frau berühmt, verfügt über wichtige Kontakte und ist überaus attraktiv. Beide haben mit einem Lied Erfolg gehabt, auch wenn die Wirkung von *Lili Marleen* mit der von *Nach em Räge schiint Sunne* nicht vergleichbar ist. Beide sind sich einig, wenn es um das Ziel geht: Aus ihnen wird etwas Rechtes werden.

Diese Ehe bleibt bis zum Tod von Lale Andersen bestehen – wenn auch nur auf dem Papier. (Abb. 103) Artur Beul komponiert und textet für Lale Andersen *In unserem Garten blühen Rosen*, *He, hast Du Feuer, Seemann*, *Seerosen blüh'n auf unserm Teich*, *Wenn Kornblumen blüh'n*, *Mit zwei Augen wie den Deinen* und *Liselott vom Weserdeich*. Das sind klassische Schlager, einige davon schlimme Schnulzen.

Die *Liselott vom Weserdeich* ist unter lokalpatriotischen Gesichtspunkten ein Gewinn und in der Gesamtqualität nicht der schlechteste Schlager. Immerhin sind Akkordeon, der Männer-(Shanty)Chor sowie der Einsatz der Blaskapelle, die sonst bei Schiffsabschieden aufspielt, passend zum maritimen Text gewählt. Text, Harmonik und Instrumentierung sind zwar sehr einfach, haben jedoch eine gewisse Stiltreue.

Abb. 103
Anfang des Jahres 1950 war in England der Schlager *The Wedding of Lilli Marlene* erschienen. Der englische Text stammt von Tommie Connor, der auch *Lili Marleen* übersetzt hatte. Der deutsche Text ist von Hans Leip verfasst. Dieses Lied nimmt Lale Andersen Mitte der 50er Jahre in ihr Repertoire auf.

In unserem Garten blühen Rosen und *Wenn Kornblumen blühn'* sind beides Schlager der untersten Kategorie. Langweilig, ja geradezu blutleer. Musikalisch und textlich geht es gleichermaßen simpel zu. Die Botschaft von der Heimat, die mit der heilen Welt gleichgesetzt wird, wird untermalt von einem musikalischen Arrangement, dem jedes Niveau fehlt. Vergleicht man diese Stücke mit Lale Andersens Vorkriegsproduktionen, ist es schon ein bisschen peinlich. Bei den *Kornblumen* etwa wird das ganze Register gezogen: Eine klassische Tanzkapelle, sozusagen die Grundlage, wird ergänzt um einen Engels-Chor (aus dem Jenseits), ein Akkordeon für das Fernweh und das Meer – auch wenn der Text gar nicht davon handelt –, eine Orgel, um ein gewisses Maß an Moderne, den Swing, vorzutäuschen sowie ein Zithersolo à la Schweizermusik. Und natürlich der Hawaii-Chor, der ist in Mode. Er gehört zwar in die Südsee, aber unter den vie-

Abb. 104
Prominenz hinter dunklen Gläsern …

Abb. 105 und 106
Beim Skiurlaub.

Abb. 107
Zu Gast bei den Beuls: der Komponist Ludwig Schmidseder.

len Kornblumen fällt er nicht weiter auf. Engels- oder Hawaiichöre fehlen in *In unserem Garten*, ansonsten unterscheidet sich das Arrangement nicht wesentlich. Dafür gibt es eine andere Besonderheit: das gerollte »R« sowie das leicht skandinavisch gezischte »S« in Ssommer. Soll da ein Hauch von Zarah Leander untergemischt werden? Das waren Phänomene, für die scharfsinnige Kritiker das Wort von der »Kulturindustrie« prägen sollten.

Und man fragt sich, wo ist die kecke Andersen mit ihren humorvollen und frechen Seemannsliedern, ihren Chansons aus dem Hafenmilieu geblieben? Wohin ist ihre Vorliebe für die Dichter verschwunden? Wo die persönliche Note? Alles untergegangen im Zeitgeist oder gescheitert am engen Horizont des Komponisten der Alpenrepublik? Oder war das der Preis für eine Ehe, die nur auf dem Papier existierte? (Abb. 104–107)

Die hannoversche *Neue Woche* vom 9. Januar 1950 ist ganz anderer Meinung. Sie befindet, dass das Programm der Andersen durch die Kompositionen ihres Ehemanns eine große Bereicherung erfahren hat. Die Sängerin wusste natürlich, dass sich ihr Stil geändert hatte. Nachdem sie auch Beuls *Nach Regen scheint Sonne* einstudiert hatte, rechtfertigte sie sich: »Der Geschmack des Publikums hat sich geändert. Gewagte, etwas derbe Sachen wollen die Leute nicht mehr hören, man ist sensibler geworden.«

Für Hans Albers und Ilse Werner komponiert der Schweizer ebenfalls. *Sag' wie heißt du, süße Kleine* ist nach Meinung der zeitgenössischen Presse dem Albers wie auf den Leib geschrieben. Die Werner pfeift *Schneewittchen und die sieben Zwerge*, die deutsche Version natürlich, weil sich *Zwergli* so furchtbar schlecht pfeifen lässt.

Wer langsam geht – geht weit,
wer langsam singt – singt lange!
Lale Andersen

Kapitel 5 **1950–1961**
Zürich – München – Langeoog

Internationale Tourneen

Es geht aufwärts. Sichtbarer Ausdruck dieses Lebensgefühls in den 50er-Jahren ist das über den Tellerrand ragende Wiener Schnitzel. Damit konnte die Hausfrau nichts falsch machen. Der Fresswelle folgt die Ausstattung mit neuer Garderobe, allem voran die Nylonstrümpfe. Dann war die Wohnungseinrichtung mit einem gelben Cocktailsessel dran, gefolgt vom Starmix und dem Kühlschrank, dann das Auto und schließlich die Urlaubsreise, die Anfang der 60er-Jahre für einen großen Teil der bundesrepublikanischen Bevölkerung erschwinglich wurde. Die Reise ging jetzt endlich nach Italien, dem Land, nach dem sich die Deutschen seit Goethes Zeiten stets am meisten gesehnt hatten.

In der Zeit des Wirtschaftswunders war der Blick nach vorne gerichtet. Die Vergangenheit sollte Vergangenheit bleiben. Das Verdrängen sollte bis 1968 andauern.

Lale Andersen als Lili Marleen ist zuständig für Sehnsüchte und Erinnerungen – sofern man sie ertragen kann. (Abb. 108–113)

Die Schlager der 50er-Jahre kreisen um die Themen »Heimweh und Fernweh«, die sich im Typ des einsamen und melancholischen Seemanns vereinen. Ihn zieht es hinaus aufs Meer und von der See zieht es ihn in die Heimat zurück:

Es kommt der Tag, da will man in die Fremde,
dort wo man lebt, scheint alles viel zu klein
... fährt ein weißes Schiff nach Hongkong, hab' ich Sehnsucht nach der Ferne,
aber dann in weiter Ferne, habe ich Sehnsucht nach zu Haus ...

So bringt es Freddy Quinn 1959 in *Unter fremden Sternen* auf den Punkt.

Linke Seite und rechte Seite:
Abb. 108 bis 113
Die Sängerin Anfang der 50er-Jahre.

LALE ANDERSEN
phot. Liselotte Strelow

LALE ANDERSEN

Polydor
LALE ANDERSEN

Lolitas *Seemann* (1960), dessen Heimat ja das Meer ist, träumt von den Sternen über Rio und Shanghai, über Bali und Hawaii. Diese Orte erfreuen sich besonders großer Beliebtheit; sie sind weit entfernt und es lässt sich so hübsch mit ihnen reimen: Und so fahren mit dem Hula Hawaiian Quartett Jim, Jonny und Jonas an Java vorbei direkt nach Hawaii. Und auch Lale Andersens Herz hat *Fernweh* (1953) nach Bombay, Rio und Hawaii.

Ob in Rio, ob in Bombay, was macht mir denn das schon aus, denn am Ende jeder Reise kehrt mein Pier zurück zu mir nach Haus (Margot Eskens).

Und so gleichen sich die Geschichten: Wenn der Seemann weit auf's Meer hinaus zieht, dann bleibt zumeist eine Liebste zurück, die er wiedersieht – oder auch nicht. Manchmal verliert er auch sein Herz im letzten Hafen, wie Ivo Robic, und dann wird die einsame Taube am weiten Himmelszelt, »ay, ay, ay, Paloma«, zum Grußboten für die Maria. Kommt der Seemann endlich heim, dann erfüllen sich alle Träume: »Da kam Jonny übers weite Meer und ich war nicht mehr allein / und der Jonny war so lieb zu mir / er versprach mir treu zu sein« (Lolita). Die Einsamkeit hat ein Ende, denn Tom ist aus Rio gekommen und hat sie in den Arm genommen (Peggy Brown).

Ganz so groß sind die Entfernungen nicht immer in den Schlagern der 50er-Jahre. Auch Europa eignet sich zum Träumen: Es sei erinnert an *Du bist die Rose vom Wörthersee* (1953) von Maria Andergast und Hans Lang, sowie die *Tulpen aus Amsterdam* (1956) von Mieke Telkamp und natürlich an Catarina Valente mit *Ganz Paris träumt von der Liebe*. Besonders populär ist eine Untergattung des Themas »Fernweh« im Schlager, solche nämlich, die nach Italien einladen: *Komm ein bisschen mit nach Italien* (Catarina Valente, Silvio Francesco und Peter Alexander, 1956) und *Napoli* von Connie Francis: »Napo, Napo, Napoli, Märchenglück am blauen Meer / Napoli, nie fiel ein Abschied mir so schwer ...«

Schaut man sich die einschlägigen Liedertexte an, so kann man den Eindruck gewinnen, die halbe Menschheit sei an fremde Gestade verschlagen worden, dort, wo allein das Glück zu finden ist. Zugleich aber wird im Schlager Heimweh und Heimat beschworen, was meist mit einer Verklärung der Vergangenheit einhergeht, der allerdings die realen Lebensbedingungen nie entsprochen haben. Dabei spielt die Situation der Millionen Heimatvertriebenen sicherlich keine geringe Rolle.

Von der Sehnsucht nach dem Geliebten in der Ferne, der das Glück bringt, handelten viele Schlager. Obwohl das Thema so alt wie die Liebe ist, sprach es die Menschen im Nachkriegsdeutschland besonders an. Wie viele Frauen hatten bis Mitte der fünfziger Jahre auf die Rückkehr ihres Mannes aus dem Krieg und später aus der Kriegsgefangenschaft gewartet – und wie viele warteten vergebens.

Der Schlager, der einschlug:

Außer blauen Hafennächten, um die sich heute unsere Schlagerecke dreht, liebt Lale Andersen Jazz. In ihrem Münchener Heim, das sie „Rangierbahnhof" nennt, beklebt sie eine Wand mit Jazzgrößen aus aller Welt. *Foto: Usa Borchert*

Blaue Nacht am Hafen

„Jealous heart" (Eifersüchtiges Herz) hieß ein amerikanisches Lied, das Lale Andersen irgendwo in London hörte. Die Melodie fesselte sie so, daß sie dafür sofort einen deutschen Text schrieb. Jetzt erreichte die Platte, die Lale damit bei uns besang, die tolle Verkaufsziffer von 150 000. Das kommt nur alle paar Jahre mal vor. Und darum legen wir den Refrain rechts noch einmal für Sie auf. Und auch für Lale, die blaue Nächte in Häfen und am Meer über alles liebt. Ergebnis: sie kaufte jetzt ein Häuschen auf der Nordseeinsel Wangeroog. Fester Wohnsitz: Zürich.

Blaue Nacht, o blaue Nacht am Hafen,
in der Ferne rauschen Meer und Wind,
und die Schiffe liegen still und schlafen,
die von weit, weit hergekommen sind.
Doch im Zwielicht einer Bootslaterne
stehen zwei und finden nicht nach Haus,
und sie flüstert: Liebster, ach wie gerne
führ ich morgen mit aufs Meer hinaus.

Links unten: ***Lales Ältester, Michael, studiert Musik,*** *und die Mutter hilft ihm mit „musikalischen Beispielen", wie mit dem Lied „Blaue Nacht am Hafen". Unten:* ***„Generalprobe" im Münchener Heim.*** *Mutter und Sohn hören Lales neuestes Lied ab, das sie auf Tonband probegesungen hat. Nun wird Kritik geübt, wird diskutiert, wird noch einmal gesungen, noch einmal gehört.*

Abb. 114
Eine Seite aus einem Album von Lale Andersen, 1955.

Lale Andersen nimmt unter den weiblichen Schlagerstars der 50er-Jahre eine Sonderstellung ein. ›Unter der Laterne‹ ist sie bereits international bekannt. Das gereicht ihr einerseits zum Vorteil, es legt sie aber auch unwiderruflich fest. Über den Schatten der Laterne kann sie nicht springen. In diesem Bann bleibt sie gefangen. Davon abgesehen, ist die Sängerin 1952, zum Zeitpunkt ihres Comebacks mit *Blaue Nacht am Hafen*, bereits 47 Jahre alt. (Abb. 114)

Dagegen sind Catarina Valente und Lolita Jahrgang 1931, Margot Eskens ist 1936 geboren und Conny Froboess 1943. Es ist diese neue Generation, die sich die Herzen der Schlagerfans erobert. Mit ihr kann Lale Andersen nur bedingt konkurrieren. Aber sie hat das zeitgemäße Repertoire, Durchsetzungskraft, Charme, Ausstrahlungskraft, Ideen und einen ungeheuren Ehrgeiz – und schließlich singt sie »langsam« und somit über längere Zeit als manch' anderer Star dieser Jahre.

Die Anzahl der Schlager, die sie von Ende der 40er-Jahre bis Mitte der 60er aufnimmt, umfasst an die 200 Titel, möglicherweise sind es mehr. Eine vollständige Diskographie gibt es nicht. Das Musikarchiv Bremen verzeichnet von Lale Andersen 240 Titel, Sammler sprechen von 300 Liedern, die auf Schallplatte erschienen sind. Die Diskographie der Firma bear family, die der Journalist Jan Feddersen erstellt hat, zählt von 1951 bis 1958 67 Titel. Allerdings fehlen dabei unter anderem die Songs, die die Sängerin bei der Firma Decca (19) und der Firma Electrola (8) aufgenommen hat.

Die Recherche über Anzahl und Auflage der Lieder von Lale Andersen ist aus verschiedenen Gründen schwierig: Die Plattenfirma Polydor, die heute zur Firma Universal gehört, speichert zum Beispiel erst seit 1975 Daten. Decca und Ariola gibt es ebenfalls nicht mehr als eigenständige Firmen. Decca ist aufgegangen in der East West Records und Ariola in der BMG (Bertelsmann Music Group), die über Verkaufszahlen keine Auskünfte gibt.

Ohne zuverlässige Daten lässt sich schwer herausfinden, wie erfolgreich Lale Andersen wirklich war. Die Hitparade, die in Deutschland erst seit 1959 existiert, ist, anders als die in Amerika, bestimmten kommerziellen Interessen unterworfen. Die dort aufgelistete Rangfolge eignet sich kaum, um den Stellenwert eines Stars zu ermitteln. Die Hitparade der Zeitschrift *Bravo* hat sich nach Aussagen von Kennern der Musikbranche an den Anzeigenkunden sowie am Geschmack der Redakteure orientiert. Ein objektiver Spiegel der Beliebtheit von Interpreten sei sie nie gewesen.

Einige Verkaufszahlen finden sich allerdings verstreut in der Presse. Einem Zeitungsbericht von 1955 kann man entnehmen, dass von *Blaue Nacht am Hafen* innerhalb von 4 Jahren 150 000 Exemplare verkauft worden sind. Das ist sehr viel, bedenkt man, dass die Jahresgesamtproduktion der Firma Polydor Anfang der 50er-Jahre bei 300 000 Schallplatten lag. *Lili Marleen*, gesungen von Lale Andersen, ist nach Angaben des Magazins *stern* (51/1966) »die erste rein deutsche Platte, die über die Millionengrenze kam«. Von *Ein Schiff wird kommen* werden 1959 innerhalb von wenigen Monaten 800 000 Exemplare verkauft.

Erfolg lässt sich natürlich auch am Vermögen messen. Lale Andersen hatte ihr Geld im »Sonnenhof« auf der Insel Langeoog und in die Eigentumswohnung in München investiert. Beide Immobilien waren allerdings noch belastet, als sie starb. Nach Berichten von Sammlern und Fans soll Lale in Hamburg sowie an den bayerischen Seen Häuser gehabt haben. Die Tochter Carmen-Litta hat auf Anfrage erklärt, dass dies nicht der Fall war. Auch die Geschichte, dass im »Sonnenhof« nach ihrem Tod Hunderttausende gefunden wurden, gehört in den Bereich der Mythen und Legendenbildung.

Lale Andersen war erfolgreich, und sie war zudem sehr sparsam und eine kluge Geschäftsfrau. Sie hatte aus der Erfahrung gelernt: Armut und den Gerichtsvollzieher vor der Tür, so wie sie es in den 30er und 40er-Jahren erlebt hatte, das sollte ihr nicht wieder passieren – jetzt, wo alles so einfach war.

Ihr Vermögen erwarb Lale nicht allein durch Plattenaufnahmen und Tantiemen als Interpretin, sondern auch als Texterin zahlreicher ihrer Lieder. Einen erheblichen Teil ihrer Einnahmen hat sie durch ihre Tourneen im In- und Ausland und mit ihren zahlreichen Auftritten in Funk und Fernsehen sowie mit ihrem biografischen Roman erwirtschaftet. In den 60er-Jahren ist die Sängerin bis zu drei Mal wöchentlich in den großen Unterhaltungsshows sowie in Musiksendungen im Fernsehen aufgetreten.

Zudem: Die Andersen war tüchtig, sie war sich zu keiner Zeit zu schade, tingeln zu gehen. Die »Sommerferien« auf der Nordseeinsel verbrachte sie stets mit Auftritten auf Langeoog selbst, auf Norderney und, wenn möglich, auch auf den anderen angrenzenden ostfriesischen Inseln.

Auf Tournee: England, Österreich, Skandinavien, Kanada und USA

1950 beginnt die Zeit ihrer Auslandstourneen. Zunächst reist die Sängerin nach England, wo sie natürlich als Lili Marleen am Flughafen von einer Schar Pressefotografen empfangen wird. Sie erklärt sich bereit, an einer Wohltätigkeitsveranstaltung für verwundete englische Kriegsveteranen teilzunehmen, was ihr viel Beifall und die Begegnung mit dem Filmstar David Niven beschert. (Abb. 115, 116)

Abb. 115
In London trifft Lale Andersen mit dem Schauspieler David Niven zusammen.

Abb. 116
1950 in England: Lale mit ehemaligen Soldaten der englischen Armee, den »Desert Rats«. So nannten sich die Soldaten, die während des Zweiten Weltkriegs in Afrika gekämpft hatten.

Abb. 117
Eine Dame von Welt.

Auch die Österreicher empfangen Lale Andersen 1951 herzlich. Auf den Titelblättern steht sie mal wieder unter der Laterne. (Abb. 117) In Wien und Graz sind die Säle bis auf den letzten Platz ausverkauft.

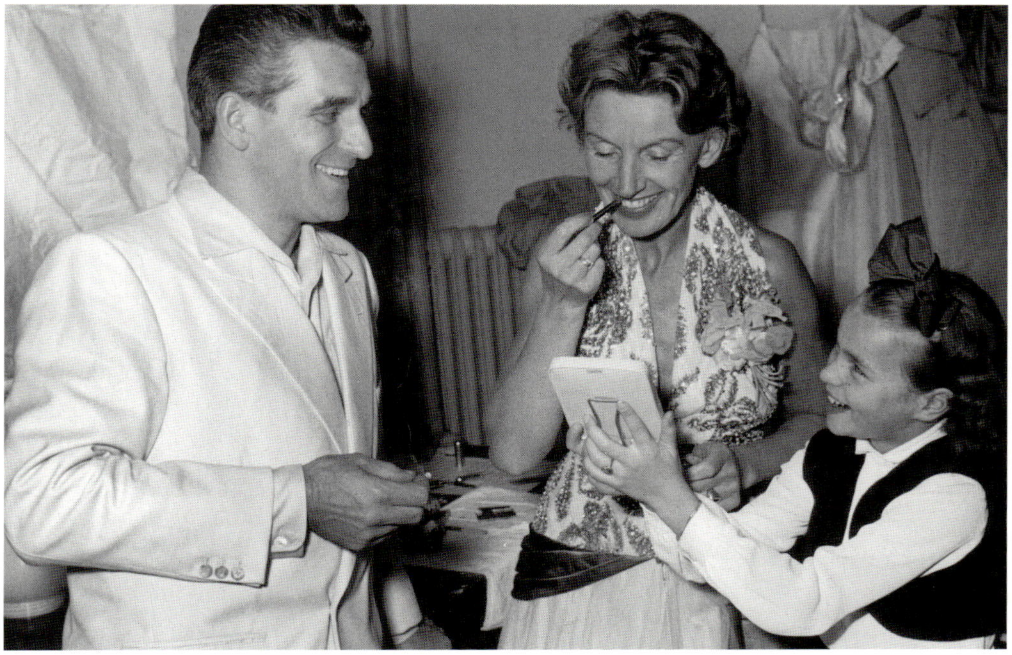

Abb. 118
René Caroll, Lale Andersen und Conny Froboess.

Mit René Caroll und Conny Froboess (Abb. 118) ist die Andersen in Deutschland unterwegs und dann mit Gerhard Wendland und Peter Frankenfeld. Jetzt kann sie allein reisen dank ihres »Wölkchens«, wie sie ihr neues Opel-Cabriolet nennt. (Abb. 119)

Und der Erfolg reißt nicht ab: Die *Rheinische Woche* (Abb. 120) spricht von dem »unsterblichen Lied« der Andersen, für die *Wormser Allgemeine Zeitung* gehört sie zu den leuchtenden Sternen von Funk, Film und Schallplatte. Gemeinsam mit Friedel Hensch, der kleinen Cornelia Froboess, den vier Cyprys und anderen wird ein Programm aufgeführt, dass die Zeitungen »Atemholen von den Sorgen des Alltags« nennen.

Die Andersen hat 1953 neue Pläne, wie sie der Presse in Kassel anvertraut: In Deutschland soll – mit ihr in der Hauptrolle – *Lili Marleen* verfilmt werden. (Abb. 121, 122, 123) Dieses Vorhaben lässt sich zunächst nicht umsetzen.

Anfang der 50er-Jahre beginnt die Zusammenarbeit mit dem Komponisten Ernst Brandner. Er komponiert *Ein Seemann,* (mit einem Text von Nicola Wilke, also Lale Andersen) und *Hafen und Mädchen*. Zudem nimmt Lale *Kleines Haus in Canada*, *Fernweh*, *Kleiner Strauß aus Veilchen*, *Ma Belle, Belle, Belle* und das Chanson *Ich werd' mich an den Jonny schon gewöhnen* auf. Auch diese Texte hat sie unter ihren Pseudonymen Nicola Wilke bzw. Krohn verfasst, zumeist alleine, hin und wieder gemeinsam mit anderen Textern. Aber nur *Blaue Nacht am Hafen* wird ein Hit, *Fernweh* allenfalls ein halber. Mit dem *Jonny* aber gelingt Lale einer ihrer besten Songs. *Ich werd' mich an den Jonny schon gewöhnen* hat die Qualität eines Chansons. Übertroffen wird es nur noch von *Die Dame von der Elbchaussee* (1958, Text von Friedrich Willms).

Was wäre eine Deutschland-Tournée ohne „Wölkchen", mein getreues Opel-Cabriolet!

Lale Andersen

Lale Andersen . . . ist „von Haus aus" eine Opel-Freundin. Ihr Gatte fährt in Zürich einen Opel-Kapitän, während sie selbst für ihre Fahrten die himmelblaue Olympia-Cabriolimousine benutzt.

Volker von Collande

. . . ist, von seinen hervorragenden künstlerischen Fähigkeiten ganz abgesehen, ein Mann von großem, technischem Interesse und Verständnis. Seinen treuen Opel-Olympia bezeichnet er als seinen besten Freund.

Norbert Schultze

. . . bestellte sich seinerzeit einen neuen Opel-Kapitän zum Empfang auf dem Flugplatz Fuhlsbüttel, als er aus Südamerika zurückkehrte. Sein volkstümliches Lied aus Käpt'n Bay-Bay — „Nimm mich mit, Kapitän, auf die Reise!" — ist folgerichtig zum Leitmotiv seiner persönlichen Reisewünsche geworden. Norbert Schultze ist ein begeisterter Opelfahrer.

Hildegard Knef . . . lacht Ihnen hier aus dem Fenster des Opel-Olympia entgegen, den sie außerordentlich schätzt.

Zarah Leander . . . liebt das Reisen über die Grenzen der Länder. Mit ihrem Opel-Olympia legte sie viele tausend Kilometer im In- und Ausland zurück.

Aufnahmen: Ada Fiedler

Abb. 119
Zeitungsbericht über ihr »Wölkchen« von 1951.

RHEINISCHE Woche

Kostenlos!
Bitte mitnehmen!

KÖLN DÜSSELDORF BONN

PROGRAMME DER VARIETÉS, KABARETTS UND VERGNÜGUNGEN

16. BIS 31. OKT. 1953

UNSTERBLICH

ist das Lied von der Lili Marlen, das in allen Sprachen der Völker eine Brücke schlug, wenn die Soldaten es sangen. Überall kannte man auch die Interpretin dieses Liedes, Lale Andersen. Sie tritt in der zweiten Oktoberhälfte persönlich mit ihren neuesten Liedern im Kölner Kaiserhof auf.

Abb. 120
Ankündigung eines neuen Programms der Andersen.

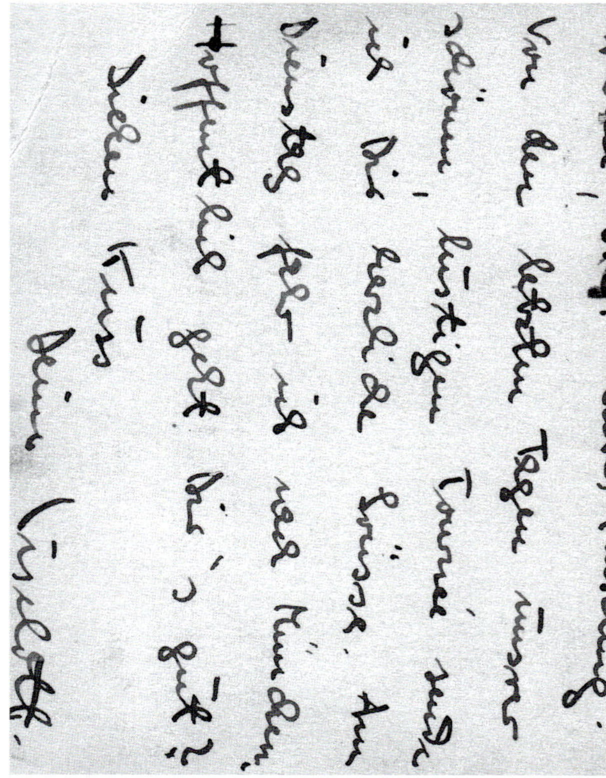

Linke Seite und Abb. oben Mitte
Abb. 121 und 122
Postkarte der Andersen von 1953 an ihre Mutter.

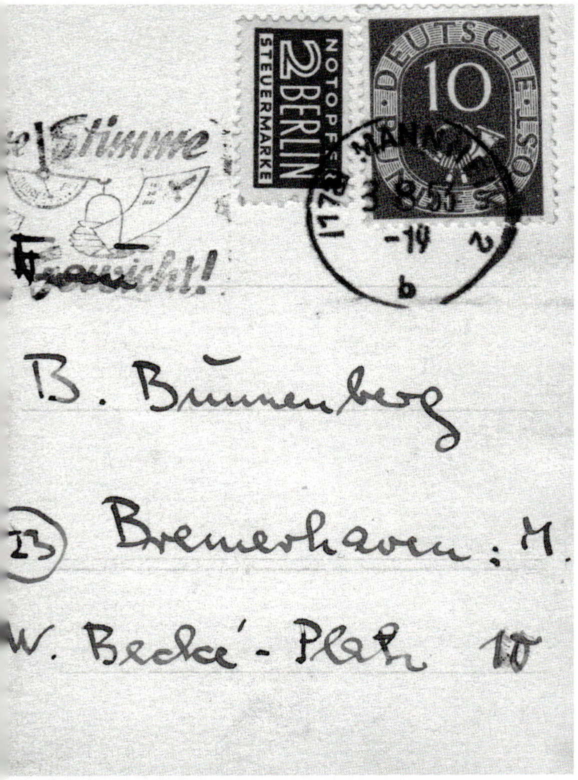

Abb. 123
Lale Andersen und ihre Mutter in Bremerhaven Anfang der 50er Jahre.

1954 fliegt Lale Andersen zum ersten Mal über den großen Teich. Kanada heißt das Ziel. Tochter Carmen-Litta, die mit ihrem Mann und den Kindern dort lebt, hat diese sehr improvisierte Tournee initiiert. Das Unternehmen war eine echte Strapaze für die Sängerin. 30 Grad minus und elf Stunden Flug, um von einer Stadt Kanadas zur anderen zu gelangen. Das Publikum ihrer Konzerte besteht zumeist aus ehemaligen Soldaten. Aber auch Fußballclubs laden sie ein. Dort tritt sie ebenso auf wie vor Trappern. (Abb. 124–129) Die Einnahmen nutzt die Künstlerin um sich etwas aufzuwärmen. Sie unternimmt einen Kurztrip auf die Bahamas. Dann geht die Tournee weiter durch Kanada.

Abb. 124–129
Diese und folgende Doppelseite:
Die Kanada-Tournee von 1954.

LILI MARLENE IN TORONTO TO SING TROOPS' FAVORITE

Lili Marlene is in Toronto.

She is Lale Anderson, the Swiss torch singer, whose recording of that famous German popular song of World War II made it the marching song of the German army and Lale the Dinah Shore of both German and Allied soldiers.

Lale Anderson will be featured in a concert at the Victoria theatre here Saturday night. Needless to say, she will sing Lili Marlene, whose plaintive tune became almost as much beloved by Allied soldiers as by those of her own country.

Lili Marlene became popular almost immediately with the armed services on every continent, no matter on which side they were fighting. Although it was recorded in English, the German version which flowed across the battlefield remained the most popular, and its singer became known only as Lili. A prize capture by Canadian and other Allied troops was a record by the real Lili.

Miss Anderson discovered her

(Continued on Page 2, Col. 8)

—Star Photo by Fred McClement

LILI MARLENE
To Sing Here

LILI MARLEEN in Edmonton

…es, einmaliges Gastspiel — für alle ein Ereignis ersten Ranges

am MITTWOCH, den 27. JANUAR und DONNERSTAG, den 28. JANUAR, 1954

…orium des **Alberta College — 101 Street und 100 Ave.**

Beginn: 8.30 Uhr abends.

…sstellen: Y.M.C.A., 101 a Ave.; Gaby Haas, 10249—97th St.; …eschäft Heinzmann, 10139 Jasper Ave.; Deutsche Buchhand- …Geschäftsstelle des "Der Nordwesten", 10359 Whyte Avenue.

Lale Andersen

Deutschlands weltberühmter Radiostar

als Gast in Montreals

HAUS DER DEUTSCHKANADIER

DEUKANIA INC.

5300 - 11th Ave., Montreal-Rosemont

Tel. CH. 5254

am

Sonntag, den 21. Februar, 1954

3 Uhr Nachmittags

Zu erreichen durch:

Strassenbahnlinie 7 von Mount Royal Ave. Ecke Park Ave.

Sichern Sie sich rechtzeitig Ihre Eintrittskarte !

Vorverkaufsstellen:

St. Denis T.V. & Möbel "Elbin", 4552 St. Denis
Haus der Deutschkanadier, 5300 - 11th Ave., Rosemont
Courier Redaktion, 4047 Cote des Neiges, 3 Parkside Place
Schallplattengeschäft M. Hufnagel, 1334 St. Catherine W. (1. Etage)
Frank's Musik House, 3673 St. Lawrence Blvd.
German Book Store, 3425 St. Lawrence Blvd.
All Nations Book and Film, 3449 St. Lawrence Blvd.
Konditorei Emil Peter, 4915 Sherbrooke St. West
Hansa Lloyd Reisebüro, 637 Craig St. West

Eintritt: $2. — Pünktlicher Beginn.

Einziger Auftritt in Montreal

PROGRAMMFOLGE

Lale Andersen

Deutschlands Radio Star Nr. 1,

die auch das Lied "Lili Marleen" weltberühmt machte,

mit dem verstärkten

Tanz- und Unterhaltungsorchester der "Deukania"

1. ***Fröhliche Weisen***
2. ***LALE ANDERSEN singt:***

Lieder von Dir und mir

Wie wunderbar .... Rotter — Gaze
La Seine .... Guy Lafarge
Brief eines Komponisten .... Arthur Beul
Welche von den Beiden .... Crohn — Wilke
Rote Rosen, rote Lippen .... Michael Harden
(Kleid: Jean Dessès, Paris)

3. ***Die Deukania-Komiker, heitere Musik***
4. ***LALE ANDERSEN singt:***

Lieder vom Meer und Matrosen

Ich werd' mich an den Jonny schon gewöhnen. . Zeisner-Crohn
Eine buntbemalte Wiege ....Crohn-Wilke
Soviel Wind und keine Segel .... Korten-Feltz
Unter den tausend Laternen .... Jary-Balz
Ma Belle - Belle - Belle .... Midi-Wilke
(Kleid: Jean Desses, Paris)

5. ***Die Deukania-Komiker, heitere Musik***
6. ***LALE ANDERSEN singt:***

Zärtliche Weisen

Dixieland — Medley ....
Du, Du, Du .... Olias-Rothenberg
Es blüht eine weisse Lilie .... Korten-Feltz
Du hast so wunderschöne blaue Augen ...... Berking-Wözel
Lili Marleen .... Schultze-Leip
Auf Wiederseh'n .... Eberhard Storch
(Kleid: Modelia, Zürich)

Anschliessend grosser Tanz im oberen Saal

Kaum zurück in Deutschland, bricht sie schon bald wieder auf: Zunächst nach Skandinavien, und Ende des Jahres stehen dann Florida, New York, Los Angeles und Las Vegas auf dem Fahrplan. Für die Fernsehtournee durch die Staaten wird die Sängerin amerikanisch gestylt. Extravagante Kostüme, ein neues Make-up, eine andere Art zu gehen. Der Hollywood-Starfotograf Bruno fotografiert sie. Dabei wird aus der Friesin eine »American Beauty«.

Für amerikanische Verhältnisse wirkt die Andersen sehr steif. Wahrscheinlich stellt man sich dort die Lili Marleen tanzend unter der Laterne vor. »Your American singers

Linke Seite:
Abb. 130
Lale Andersen, aufgenommen von dem Hollywood-Fotografen Bruno.

Mitte:
Abb. 131
Eine Seite aus dem Fotoalbum der Sängerin.

’ Swaps Swiss
r Miami Weather

"LILLI'S' COSTUME MAY FEATURE FISH NET
Lala Andersen, left, Federico Rey, Pilar Gomez

a style that she thinks
merican public would like,
e current problem. "I've
visiting the night clubs
ami Beach, to see what
nted from an entertainer,
could not be like your popular singers, so I think I will stay myself," she laughed. "I am having costumes designed now — they are full of the sea!"

Designer Freddy Wittop, who's also dancer Federico Rey of the Latin Quarter, brought out his sketches for Lala-Lilli — full skirts in sea colors and sailor - style pants in one lavish ensemble, with a draped jersey bodice and graceful stole.

In private life, Lala Andersen is Mrs. Arthur Beul of Zurich, Switzerland, and the mother of two boys, one 10 and the other a 13-year-old. Mr. Beul, a composer, is now in Switzerland, collaborating on a musical with Paul Burkhardt, who wrote "O, Mein Papa."

Deeply tanned, she explained that it's "part Swiss, mostly Florida!" When she's not busy broadcasting or recording songs like translations of things like "Jealous Heart" and "Play A Simple Melody," she spends a good deal of time on the sunny ski slopes.

She'll pick up more tan in the next week, at the cabana club of the Floridian Hotel, where she's staying with Rey's dancing partner, Pilar Gomez.

Lale Andersen:
„Der Matrose muß sich erschießen!"

DIE BESTE POINTE

Die bekannte Künstlerin ist wieder nach Deutschland zurückgekommen, nachdem sie fünf Monate auf einer Fernseh-Tournee in den Vereinigten Staaten war. Sie gastierte u. a. in Boston, San Franzisko, Detroit, in der Wüstenstadt Las Vegas, in Los Angeles und New York. Ihr amerikanischer Television-Agent hatte keine Mühe gescheut, aus Lale eine Art Seemannsbraut nach amerikanischem Geschmack zu „fabrizieren".

Lächelnd erzählte Lale, wie sie erst einmal tagelang „auf Typ" getestet wurde: Filmaufnahmen ‚schreitend' ganze Figur, weiter Rock, enger Rock, hohe und flache Schuhe. Es war fast eine Qual. Als man ihren Typ endlich erfaßt hatte, kamen die Stimmtests, um eventuelle „Fehler" zu beseitigen. Dann war ein Choreograph an der Reihe. Er nahm Lale ans Händchen und brachte ihr — bitte, lachen Sie nicht — das Gehen bei! Nachdem die extravaganten Kostüme fertig waren und der Maskenbildner nach einem Schminktest ihr ein „neues Gesicht" geschaffen hatte, das Lale in nicht geringe Ver- und Bewunderung setzte, war sie endlich reif für die USA.-Bildschirme.

Sie brachte im Rahmen ihres Programms amerikanische Songs, deutsche Schlager, in Text und Musik für das dortige Publikum bearbeitet, und zum Schluß, in deutscher Sprache, die Lili-Marlen. Dieses rührende kleine Lied, das Hans Leip einmal für Lale schrieb und das der Soldatensender Belgrad für „Freund und Feind" in den Äther strahlte, ist zu einer wehmütigen Erinnerung geworden, auf die auch die amerikanischen Hörer auf keinen Fall verzichten wollten.

Was aber den Amerikanern außerordentlich gefiel, war Lales burschikose Art, mit allen unangenehmen Dingen kurzen Prozeß zu machen. So fragte eine junge Journalistin sie gleich nach ihrer Ankunft in Kanada: „Wie alt sind Sie eigentlich, gnädige Frau?" Darauf Lale mit heiterer Unbekümmertheit: „Ich bin zehn Jahre jünger, als mich die lieben Kollegen machen, und zehn Jahre älter, als ich aussehe. Finden Sie nicht auch, daß das ein ‚gefährliches' Alter ist"? Dann hatte sie der Agent nach vielen Mühen mit einem Filmproduzenten zusammengebracht. Lale geht leidenschaftlich gern ins Kino, aber selbst filmen mag sie gar nicht. Die Unterhaltung schleppte sich lust- und ergebnislos dahin. Hinterher knurrte der Agent wütend: „Merken Sie sich dies: ein Mann, der in Hollywood Karriere machen will, muß hart sein im Nehmen, und eine Frau muß weich sein im ‚teasen' (das heißt so viel wie Locken). Mit anderen Worten, sie muß sich wie eine Turteltaube benehmen!" „Merken Sie sich dies", konterte Lale trocken, „wenn wir schon vom fliegenden Personal reden: Ich bin kein Lockvogel, sondern eine Wildente!"

Aber ihre beste Pointe brachte Frau Andersen auf einer Multimillionärs-Party in Miami-Beach an den Mann. Der anscheinend nicht sehr beliebte Sohn des Hauses hatte ein Stück geschrieben, das bei zweistündigem Vorlesen die Nerven aller Zuhörer bis zum Äußersten strapazierte. Berauscht von seinem eigenen Werk, legte der Autor das Manuskript beiseite und fragte ausgerechnet Lale: „Na, wie finden Sie's?" Lale sah ihm offen einige Sekunden lang stumm in die Augen, dann meinte sie mit ruhiger Sachlichkeit: „Ich will Ihnen einen uneigennützigen Rat geben: das Ende des letzten Aktes muß geändert werden. Nachdem sich der arme Matrose drei Akte lang vergeblich um die Frau seines Kapitäns bemüht hat, würde ich ihn auf keinen Fall ins Wasser springen lassen. Er muß sich selbstverständlich erschießen!"

„Wie . . . Wieso . . . denn?" stotterte der angehende Bühnenautor verblüfft. Lale kicherte boshaft: „Das ist doch ganz klar: damit das Publikum noch rechtzeitig aufwacht, um applaudieren zu können."
Abe.

Lale Andersen, *wie die Amerikaner sie auf ihren Bildschirmen sahen. Die Aufnahme machte Hollywoods-Starfotograf Bruno. — Zwei Meister ihres Faches zeigen der deutschen Sängerin in Miami-Beach reizvolle Kostümentwürfe (Bild unten).*

are so full of movement,« staunt sie und bekennt: »I've always looked for the lyrics first, I am not a dancer«. Doch schließlich begreifen die Reporter: »We got the point when she sang *Lili Marleen* for us in the big, empty Floridian Hotel dining room. She stood completely still, her only expression a wistful smile.« Auf deutsch meint das vom Wortklang für die Stimme der Andersen so treffende »wistful« ein gedankenvolles, versonnenes, sehnsüchtiges Lächeln. (Abb. 130–132)

Nach fünf Monaten ist sie wieder aus den USA zurück und präsentiert sich mit ihren neuen Fotos der deutschen Presse. Amerika war ein Erfolg. Aber Hoffnung auf eine Karriere in Hollywood besteht nicht.

Um 1955/56 lässt sich Lale in München nieder, der Stadt, in der sie sich seit ihrem ersten Auftritt 1935 auf Anhieb wohl gefühlt hat. Die bayerische Metropole ist zu dieser Zeit in Künstlerkreisen überaus beliebt.

Rechte Seite:
Abb. 132
Lale Andersen hat bei ihrer USA-Tournee eine optische Veränderung erfahren. Ihre burschikose Art und ihr Witz gefallen den Amerikanern.

Die Andersen ist einerseits sehr umtriebig, andererseits auch nachdenklich. Sie ist 50 Jahre alt und bei der Vorstellung, noch einmal in der aufregenden Stadt New York neu anzufangen, wird ihr das Alter überdeutlich. Der Zug ist abgefahren.

Allzu gerne würde sie jetzt Theater spielen oder Filme drehen. Die Presse ist wohlwollend, aber eine Sängerin mit 50 Jahren auf der Bühne, das ist zu dieser Zeit gewöhnungsbedürftig. So lesen wir: »Die Jahre sieht man der Andersen nicht an, aber man hört es.« Ahoi? Wer langsam singt? Woher nimmt sie die Motivation zum Weitermachen? Vielleicht aus der Baumaßnahme »Sonnenhof«, dem Umbau des Hauses zur Ferienpension. Dafür muss Geld verdient werden, dafür muss eine Tournee her. (Abb. 133, 134)

Die Jahre zwischen 1954 und 1959 bringen Lale Andersen nicht den gewünschten Erfolg. Als Lili Marleen ist sie natürlich weiterhin gefragt. Kein Zeitungsartikel über die Sängerin existiert ohne den Hinweis auf die Laterne. Einige Artikel befassen sich auch mit ihrer Verfolgung während der Nazi-Zeit. (Abb. 135)

Als Lili Marleen tritt sie 1957 vor Soldaten in Österreich und erstmals 1959 vor deutschen Soldaten in Fürstenfeldbruck auf. (Abb. 136, 137)

Der Film mit ihr als Lili Marleen in der Hauptrolle wird nicht gedreht. Allerdings kommt 1956 das Melodrama *... wie einst Lili Marleen* in der Regie von Paul Verhoeven mit Marianne Hold als Christa und Adrian Hoven als Franz in die Kinos. (Abb. 138) Lale Andersen singt unter der Laterne sowie in einer Dekoration aus Fischernetzen. Der Film selbst handelt von einem Liebespaar, dem es wie in dem Lied ergeht: Sie denken aneinander und warten aufeinander. Nach Irrungen und Wirrungen gibt's aber zum Schluss ein Happy End. (Abb. 139)

Abb. 133, 134
Der »Sonnenhof« auf der Insel Langeoog wird über Jahre ausgebaut und eingerichtet. Außen- und Innenansicht aus den 50er Jahren.

Hausfrau in 3105 Meter Höhe – Um die Zukunft der Küche

Frau von heute

V. b. b.

PREIS 80 GROSCHEN / BEZUGSPREIS MIT POSTZUSENDUNG VIERTELJÄHRLICH S 9.10 / ERSCHEINT JEDEN DONNERSTAG

Anzeigenannahme: Schalter: Wien VIII, Lerchenfelder Straße 40, tägl. von 8 bis 16 Uhr, Samstag von 8 bis 11 Uhr, Telephon A 28 5 50

Wien, 18. Oktober 1951

Redaktion und Verwaltung: Wien VIII, Strozzigasse 2, Telephon A 28 5 50, Klappe 9

Jahrgang 6 / Nummer 42

Freund und Feind hörten mit!

Lilli Marlens Kampf mit Goebbels

Auf abgedunkelter Bühne steht im Licht des Scheinwerfers eine blonde Frau, deren weißes Kleid sich bis zum Boden bauscht und Pailletten gleich Brillanten aufsprühen läßt. Sie singt ein kleines Lied. Man schließt die Augen und verfällt dem Zauber dieser Stimme. Der bis auf den letzten Platz besetzte Saal versinkt — die Jahre rollen zurück ...

Kriegszeit. Der Lautsprecher beherrscht den Alltag, der „Kuckuck" ruft. Er hat Angst, Not und Tränen im Gefolge. Ausländische Nachrichten werden mit größter Vorsicht abgehört.

Damals klang es abends auf, das kleine Lied „Unter der Laterne — wie einst Lilli-Marlen". Es wurde das bekannteste Kriegslied. Ihm lauschten daheim Frauen und Kinder, an der Front hörten es die Soldaten hüben und drüben. Ein kleines Lied fand trotz Stacheldraht und Minen zu den Herzen.

Höchstens „Schifferklavier"

Lale Andersen war die Frau, die es sang. Wenn jemand ihr solche Popularität vorausgesagt hätte, das blonde Ding von der Waterkant hätte herzlich gelacht. Sie entstammt einer waschechten Seemannsfamilie, in der man, unbeschwert von musischen Komplexen, gerade noch das Schifferklavier zu Matrosenliedern gelten ließ. Die Tochter aber setzte es sich in den Kopf, zum Theater zu gehen; das war unerhört, aber ihr Dickkopf siegte. Sie studierte in Berlin bei vorzüglichen Lehrern und wurde für das jugendliche Charakterfach engagiert. Die herben Frauen von Strindberg, Ibsen und Wedekind lagen ihrem Wesen. Reich wurde sie dabei nicht, auch nicht berühmt, aber wenn man jung ist, hängt ja der Himmel voller Hoffnungsgeigen.

Das Jahr 1933 brachte den Nationalsozialismus, und wer rassen- und gesinnungsmäßig den neuen Satzungen nicht entsprach, mußte sein Bündel schnüren. Unzählige taten es, darunter Künstler mit berühmten Namen. Lale Andersen schloß sich aus Treue den Freunden an. Die Schweiz wurde zum Sammelbecken bedeutender

(Fortsetzung Seite 2)

Lale Andersen

Abb. 135
Die Frauenzeitschrift *Frau von heute* erinnert an den schweren Stand von Lale Andersen während des Krieges.

Abb. 136
Der Wiener *Bildtelegraf* berichtet am 5. Dezember 1957 von Lales Auftritt beim österreichischem Bundesheer.

Quick

Unter der Laterne

Das Lied das um die Welt ging

Lale Andersen — „Lili Marlen" In der Garderobe probt eine blonde Sängerin ein paar Takte ihres Liedes. Draußen auf der Bühne, beim „Bunten Abend" des Fliegerhorstes Fürstenfeldbruck bei München, sagt der Conférencier ihren Namen an: Lale Andersen. Dann erklingt Lales schmelzend-heisere Stimme mit dem Lied, das um die Welt ging: „An der Kaserne, vor dem großen Tor, stand eine Laterne..."

Fürstenfeldbruck, Juni 1959. Zum erstenmal wieder vor deutschen Soldaten: „Lili Marlen".

Als im zweiten Kriegsjahr des ersten Weltkrieges — 1915 — der Dichter Hans Leip eingezogen wurde, schrieb er ein kleines Gedicht. Es erzählte von der Soldatenbraut Lili Marlen, die Tag für Tag draußen unter der Laterne vor dem Kasernentor auf ihren Liebsten wartet, der immer so viel Dienst und so wenig Zeit hat. Dann zog Hans Leip in den Krieg nach Rußland. Das kleine Gedicht vergaß er.

1938 entdeckte der Komponist Norbert Schultze die Verse von der „Lili Marlen". Er ersann eine hübsche Melodie dazu, und die junge, noch unbekannte Lale Andersen nahm das Lied in ihr Repertoire auf. Es wurde kein rauschender Erfolg. Immerhin gab es etwas freundlichen Beifall und einen Schallplattenvertrag. Aber nur knapp 1000 Platten wurden verkauft. „Lili Marlen" wäre erneut in Vergessenheit geraten, wenn nicht 1941 der Soldatensender Belgrad gegründet worden wäre. Die Landser vom Sender kauften alte Schallplatten auf — und so klang eines Abends auch das Lied von dem Mädchen Lili Marlen durch den Äther.

Das Wunder geschah: das Lied, das so wenig „Zackiges", aber auch nichts Schmachtendes an sich hatte, wurde ein Riesenerfolg. Seine schlichten Zeilen rührten die Verlorenheit und die heimlichen Sehnsüchte der Landser an allen Fronten an. Erst lauschten, seltsam bewegt, die Deutschen — dann die Engländer und die Amerikaner. Selbst Goebbels, der das Lied „makaber und sentimental-degeneriert" fand, wagte nicht, es zu verbieten.

Lale Andersen hat die „Lili Marlen" auch nach 1945 gesungen. Vor alliierten Soldaten, in England, in Amerika und in Korea. Im Fliegerhorst Fürstenfeldbruck bei München erklang es in diesen Tagen zum erstenmal wieder vor deutschen Soldaten. Und die Jungen summten mit, wie schon ihre Väter in den bitteren Jahren des Krieges: „... und sollte mir ein Leid geschehn, wer wird vor der Laterne stehn, mit dir, Lili Marlen?"

Der Dichter. Hans Leip, Autor von „Jan Himp und die kleine Brise", schrieb die Verse von „Lili Marlen"

Der Komponist. Norbert Schultze vertonte im Jahre 1938 Leips Gedicht. Aber erst drei Jahre später kam für das Lied „Lili Marlen" der Erfolg . . .

Dreimal Lale Andersen, dreimal „Lili Marlen": 1941 bei deutschen Verwundeten, 1948 bei englischen Veteranen, 1959 bei der Bundeswehr

Abb. 137
Quick widmet der Erfolgsstory von *Lili Marleen* 1959 einen groß aufgemachten Beitrag.

Abb. 138
Ein Film zu Lili Marleen von 1956: In den Hauptrollen Marianne Hold und Adrian Hoven.

Abb. 139
Und auch Lale Andersen ist in ... *wie einst Lili Marleen* dabei.

Lale Andersen unternimmt noch einen neuen Versuch. Sie knüpft dort an, wo ihre Karriere begonnen hatte: Bei Brecht und Weill. Eine Langspielplatte mit Songs aus der *Dreigroschenoper – Moritat von Macki Messer, Zuhälterballade, Seeräuber-Jenny, Kanonen-Song* und andere – erscheint 1957. (Abb. 140) Nach 25 Jahren ist das Interesse an den Brecht-Opern wiedererwacht. So wird 1957 in Darmstadt die Oper *Mahagonny* erstmals nach dem Krieg wieder aufgeführt. Die Freundin aus den Anfangszeiten in Berlin, Lotte Lenja, hatte ein Jahr zuvor für Columbia und Philips die ganze Oper eingespielt.

Die Andersen kann diese Songs wirklich überzeugend interpretieren und das überschwängliche, bereits in Auszügen zitierte Lob ihres Entdeckers Willy Schaeffers ist sicher kein Gefälligkeitsurteil:

Und nun, was für eine Wandlung! Ein grosses Zeichen Deiner unermüdlichen Arbeit an Dir selbst. Der Mut und die Entschlossenheit, etwas anderes zu bieten, um nicht in Schablone zu erstarren.

Die Lieder der Dreigroschenoper *werden noch viele Zeiten überdauern. Ab und zu setzt mal eine ganz besondere Hausse ein, und das ist seit zwei, drei Jahren der Fall.*

Englischen Ursprungs vom Text her, wurde die Oper erst jetzt in England ein Riesen-Erfolg, desgleichen am Broadway in New York. Der Film wird noch einmal gedreht und viele hervorragende Künstler der Schallplatte und des Rundfunks sangen und singen die unsterblichen Lieder, – und da kommst Du plötzlich und singst mit einer Innerlichkeit, aber auch mit einer Kraft, die wir Deiner Stimme niemals zugetraut hätten und mit einer geistigen Überlegenheit diese balladenhaften Texte von Bert Brecht in der kongenialen Musik von Kurt Weill.

Lale, wir danken Dir und freuen uns, dass Du auch diesen schwierigen Abschnitt Deiner Arbeit gemeistert hast als eine nunmehr in erster Linie stehende Vertreterin unseres ›Geliebten Chansons‹.

Lale Andersen nimmt 1958 in ihr Repertoire auch wieder einige Songs von Friedrich Hollaender auf: *Eine kleine Sehnsucht* und *Die Kleptomanin*. Das Problem ist, dass sie mittlerweile viele Schlager und auch echte Schnulzen gesungen hat. Das weiß sie. Ihrer Tochter schickt sie zum Jahresbeginn 1958 einen Brief, dem eine Schallplatte beigefügt ist, mit dem Kommentar: »Es sind lauter Edelschnulzen von mir drauf.« Zudem: Der Lili Marleen nimmt man Chansons nur schwer ab. Der Wechsel ins ernsthafte Fach, so nennt man das, wenn eine Schlagersängerin Schauspielerin oder Chansonsängerin wird, gelingt der Andersen nicht mehr.

Lale versucht sich des weiteren auch im Schreiben eines Theaterstückes. Nach dem zweiten Akt findet sie keine Lösung für den dritten und greift zur Lektüre von Friedrich

Abb. 140
Der Versuch eines Repertoirewechsels.

Abb. 141, 142
Lale Andersen, die Pulloverträgerin.

Dürrenmatts *Besuch der alten Dame*, ihrem geliebten Autor. Nach dem Studium dieses Textes fasst sie ihre Erkenntnis so zusammen: »Danach kann ich mein Werk nur noch als Käse bezeichnen – als naturalistischen Quark.« So steht es in ihrem Taschenkalender von 1957.

Der weiße Rollkragenpullover, den sie nun immer öfter tragen wird, ist ihr neues Markenzeichen. Das schlichte, aber sehr wirksame Kleidungsstück steht für das Image, mit dem sie sich arrangiert hat: Sie ist keine »American Beauty«, keine Dramatikerin, keine Filmschauspielerin. Sie ist und bleibt die Nordsee persönlich. (141, 142)

1959 bringt *Ein Schiff wird kommen* den durchschlagenden Erfolg. (Abb. 143) Lale Andersen ist glücklich. Der dritte große Erfolg ihres Lebens. 1960 ist sie die beliebteste Schlagersängerin. 1961 wird ihr von Radio Luxemburg der »Silberne Löwe« auf einem Luxusdampfer, der »United States«, überreicht. Der »Goldene Löwe« geht an Conny Francis, der »Bronzene« an Catarina Valente.

Lale Andersens Glückssträhne hält an. Wenige Wochen nach dieser Ehrung wird sie eingeladen, an der Vorentscheidung zum *Grand Prix d'Eurovision de la Chanson* in Bad Homburg mitzuwirken. Da soll sie aufhören? Das kommt überhaupt nicht in Frage. Sie singt lange.

Abb. 143
Mit *Ein Schiff wird kommen* hat Lale Andersen durchschlagenden Erfolg.

Kapitel 6 1961–1972
München – Langeoog

Schlagersängerin und Autorin

Einmal sehen wir uns wieder, mit diesem Lied, das Ernst Bader getextet und Rudolf Maluck komponiert hatte, tritt Lale Andersen in Bad Homburg zur Vorentscheidung für den *Grand Prix* 1961 an. Gebräunt und gut erholt, war die Sängerin soeben aus dem Tessin zurück gekehrt. Ihr Charme und ihre Ausstrahlung sind für die Nominierung entscheidend, der Schlager selbst ist in Text und Musik bieder, um nicht zu sagen langweilig. Die Interpretation in zwei Sprachen, französisch und deutsch, ist zu bemüht. In Cannes wird sich das zeigen.

Abb. 144 und 145
Programmheft des *Grand Prix* 1961
mit Lale Andersen.

Lale war mit dem erfolgreichen Texter Ernst Bader auf Nummer sicher gegangen. Bader hatte mit *Tulpen aus Amsterdam* und vor allem aber mit *Heimweh* (*Brennendheißer Wüstensand*), 1956 von Freddy Quinn gesungen, ausgesprochene Hits geschrieben. Sieben Millionen mal ist *Heimweh* verkauft worden und war damit die erfolgreichste deutsche Single überhaupt, schätzt das *Hamburger Abendblatt*. Bader schrieb unter anderem für Catarina Valente, Vico Torriani, Margot Eskens und Charles Aznavour. Insgesamt 900 Schlager stammen aus seiner Feder.

Doch mit *Einmal sehen wir uns wieder* war beim *Grand Prix* kein Staat zu machen. Mit der Startnummer 8 landet die Andersen in Cannes am 18. März mit 3 Punkten auf Platz 13. Das war der drittletzte Platz. Sie war müde und abgespannt, hatte sich mit Auftritten in den Wochen zuvor nicht den nötigen Schlaf gegönnt, den sie für diesen Kraftakt gebraucht hätte. Sie beschließt aufzuhören.

Das wird sie in den folgenden Jahren immer wieder tun – doch letztlich trennt sie sich nicht von der Bühne.

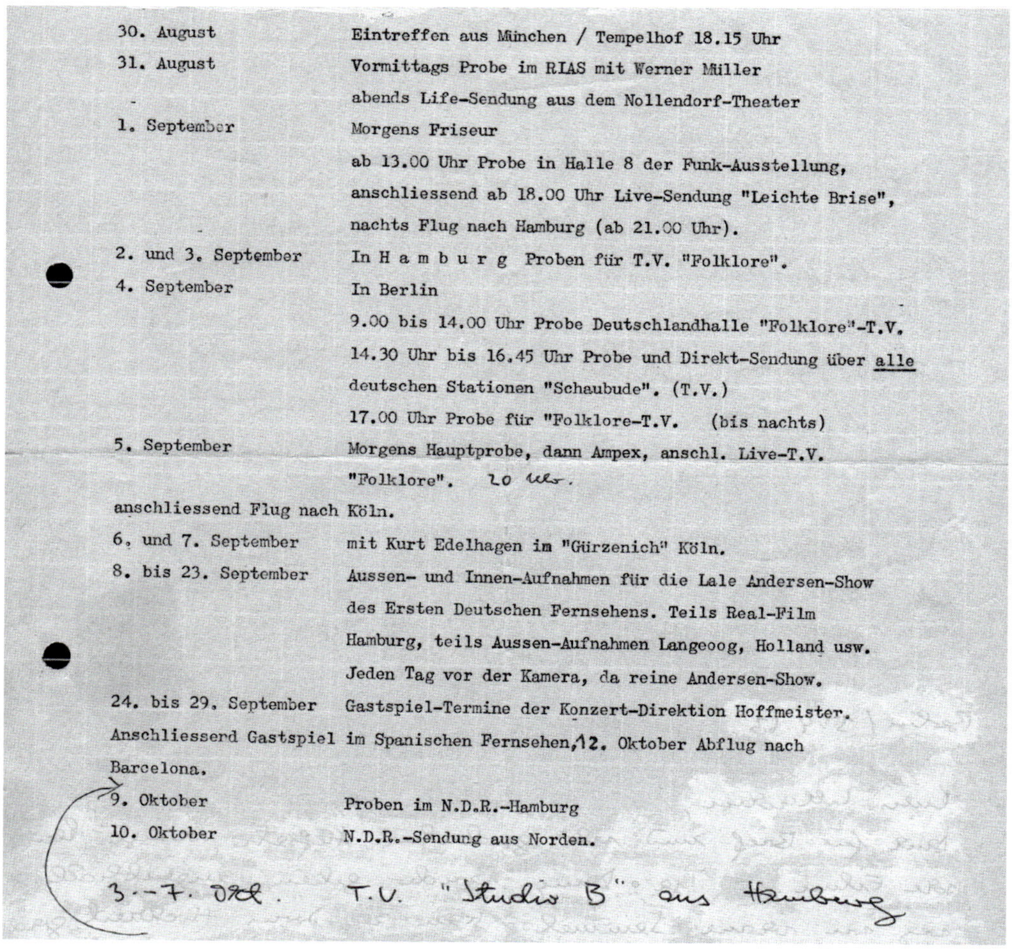

30. August	Eintreffen aus München / Tempelhof 18.15 Uhr
31. August	Vormittags Probe im RIAS mit Werner Müller
	abends Life-Sendung aus dem Nollendorf-Theater
1. September	Morgens Friseur
	ab 13.00 Uhr Probe in Halle 8 der Funk-Ausstellung,
	anschliessend ab 18.00 Uhr Live-Sendung "Leichte Brise",
	nachts Flug nach Hamburg (ab 21.00 Uhr).
2. und 3. September	In H a m b u r g Proben für T.V. "Folklore".
4. September	In Berlin
	9.00 bis 14.00 Uhr Probe Deutschlandhalle "Folklore"-T.V.
	14.30 Uhr bis 16.45 Uhr Probe und Direkt-Sendung über alle
	deutschen Stationen "Schaubude". (T.V.)
	17.00 Uhr Probe für "Folklore-T.V. (bis nachts)
5. September	Morgens Hauptprobe, dann Ampex, anschl. Live-T.V.
	"Folklore". 20 Uhr.
anschliessend Flug nach	Köln.
6. und 7. September	mit Kurt Edelhagen im "Gürzenich" Köln.
8. bis 23. September	Aussen- und Innen-Aufnahmen für die Lale Andersen-Show
	des Ersten Deutschen Fernsehens. Teils Real-Film
	Hamburg, teils Aussen-Aufnahmen Langeoog, Holland usw.
	Jeden Tag vor der Kamera, da reine Andersen-Show.
24. bis 29. September	Gastspiel-Termine der Konzert-Direktion Hoffmeister.
Anschliesserd Gastspiel	im Spanischen Fernsehen, 12. Oktober Abflug nach
Barcelona.	
9. Oktober	Proben im N.D.R.-Hamburg
10. Oktober	N.D.R.-Sendung aus Norden.
3.-7. Okt.	T.V. "Studio B" aus Hamburg

Abb. 146
Lales Fernseh-Terminplan September/Oktober 1963.

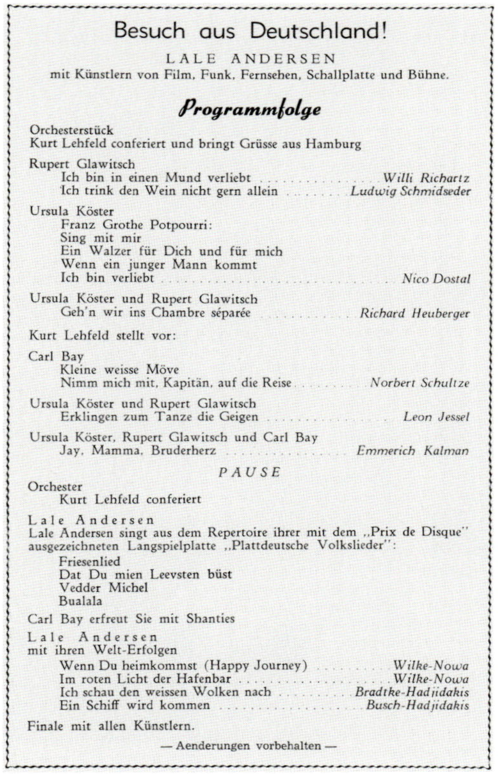

Besuch aus Deutschland!

LALE ANDERSEN

mit Künstlern von Film, Funk, Fernsehen, Schallplatte und Bühne.

Programmfolge

Orchesterstück
Kurt Lehfeld conferiert und bringt Grüsse aus Hamburg

Rupert Glawitsch
Ich bin in einen Mund verliebt ... *Willi Richartz*
Ich trink den Wein nicht gern allein ... *Ludwig Schmidseder*

Ursula Köster
Franz Grothe Potpourri:
Sing mit mir
Ein Walzer für Dich und für mich
Wenn ein junger Mann kommt
Ich bin verliebt ... *Nico Dostal*

Ursula Köster und Rupert Glawitsch
Geh'n wir ins Chambre séparée ... *Richard Heuberger*

Kurt Lehfeld stellt vor:

Carl Bay
Kleine weisse Möve
Nimm mich mit, Kapitän, auf die Reise ... *Norbert Schultze*

Ursula Köster und Rupert Glawitsch
Erklingen zum Tanze die Geigen ... *Leon Jessel*

Ursula Köster, Rupert Glawitsch und Carl Bay
Jay, Mamma, Bruderherz ... *Emmerich Kalman*

PAUSE

Orchester
Kurt Lehfeld conferiert

Lale Andersen
Lale Andersen singt aus dem Repertoire ihrer mit dem „Prix de Disque" ausgezeichneten Langspielplatte „Plattdeutsche Volkslieder":
Friesenlied
Dat Du mien Leevsten büst
Vedder Michel
Bualala

Carl Bay erfreut Sie mit Shanties

Lale Andersen
mit ihren Welt-Erfolgen
Wenn Du heimkommst (Happy Journey) ... *Wilke-Nowa*
Im roten Licht der Hafenbar ... *Wilke-Nowa*
Ich schau den weissen Wolken nach ... *Bradtke-Hadjidakis*
Ein Schiff wird kommen ... *Busch-Hadjidakis*

Finale mit allen Künstlern.

— Aenderungen vorbehalten —

Abb. 147
Programm des Deutschlandsenders Chicago vom 1. Februar 1963.

Abb. 148
Lale Andersen im Programmheft des Berliner Sportpalastes von 1963. Dieses Foto stammt wahrscheinlich von Hollywood-Starfotograf Bruno.

Lale Andersen kehrt zu ihren Wurzeln zurück. Im Oktober 1961 nimmt sie bei Electrola eine LP mit plattdeutschen Liedern auf. Fortan werden *Dat du min Leevsten büst*, *Min Jehan*, *Burlala* und *Vedder Michel* zu ihrem festen Repertoire gehören und mit ihrem Namen verbunden sein. Mit Volksliedern kann man zwar keine Hits landen, doch ihr sind diese Lieder wichtig. Für die Firma Electrola scheint das eher ein Zugeständnis an die Sängerin zu sein, an der man gut verdient hatte.

Mehr und mehr widmet sich das Fernsehen der Künstlerin. Der NDR sendet 1962 aus ihrem »Sonnenhof« von der Insel Langeoog und Truck Branss will ein Porträt für das Deutsche Fernsehen aufnehmen. Der Fernseh-Terminplan vom September/Anfang Oktober 1963 gibt einen Einblick in ihr hektisches Künstlerleben. (Abb. 146)

Abb. 149–155
Aufnahmen aus dem Film von Truck Branss *Porträt in Musik*.

Rechts unten:
Abb. 156
Bericht in *Musik-Parade*, Februar 1964.

Am 30. März erleben wir Lale Andersen im Deutschen Fernsehen in der lange erwarteten Truck Branss-Show „Lale Andersen - ein Porträt in Musik". Eine Langspielplatte gleichen Titels mit dem Soundtrack aus dieser Show wird zu jenem Zeitpunkt auf dem deutschen Markt veröffentlicht. Lale ist glücklich über diese, ihre bisher beste Sendung, wie sie sagt. „Es macht Spass, mit Truck Branss zu arbeiten. Und ich war so stolz, denn . . . .

. . . der Ozean gehörte mir!

Herzliches Einvernehmen mit Regisseur Truck Branss, der, vertraulich gesagt, immer den richtigen Ton findet, bei dem Künstler und bei dem Publikum.

Zunächst folgt Lale der Einladung des Komponisten von *Ein Schiff wird kommen*, Manos Hadjidakis, nach Griechenland. Sie soll in einem griechischen Fernsehfilm gemeinsam mit Melina Mercouri und Juliette Greco mitwirken. Auf Griechenland folgt die zweite Reise in die USA auf der »Hanseatic«. Die Überfahrt »verdient« sich die Sängerin mit drei Chansonabenden. Dann tritt sie in verschiedenen Städten in den USA auf,

Abb. 157
Die Andersen und Adenauer im Januar 1965.

so unter anderem beim Deutschlandsender in Chicago. (Abb. 147). Bei dieser zweiten Reise muss sie erneut einen Termin mit Hollywoods Starfotograf Bruno gehabt haben. Im Programmheft des Berliner Sportpalastes von 1963 findet man Lale Andersen als »Glamour-Girl« à la Hollywood. (Abb. 148)

Für »Porträt in Musik« (ausgestrahlt 1964) mit dem Regisseur Truck Branss kann Lale wieder auf ihrer geliebten Insel Langeoog verweilen. Diese Aufnahmen von der Nordsee prägen das Andersen-Bild bis heute. Branss, der bereits mit Belina, Hildegard Knef und den Don Kosaken überaus erfolgreiche Filme gedreht hatte, präsentiert Lale vor allem als die Sängerin, die mit dem Meer verbunden ist. (Abb. 149–156)

Aus heutiger Sicht wirkt dieses Porträt sehr gestellt und bisweilen steif. Beim Erscheinen des Films hingegen sind nicht nur Fans und Freunde von Lale von der einsamen Melancholie, in der Branss sie porträtiert, von ihrem schräg nach oben gerichteten, gedankenverlorenen Blick, hingerissen und entzückt. Der Film wird im In- und Ausland ein Erfolg und Truck Branss damit zum Erfolgsregisseur.

Die Andersen fängt an, Bilanz zu ziehen. Welche Lieder waren die erfolgreichsten und haben alle Krisen überdauert? Nach ihrer Meinung sind es fünf, höchstens sechs: *Der Junge an der Reling*, *Lili Marleen*, *Blaue Nacht am Hafen*, *Spiel mir eine alte Melodie* und *Ein Schiff wird kommen*, so berichtet die Tochter Carmen-Litta Magnus in ihrem Buch *Lale Andersen – die Lili Marleen*.

Im Jahr ihres 60.Geburtstages ist die Sängerin hyperaktiv. Das Jahr 1965 beginnt mit einem Empfang bei Konrad Adenauer im Januar (Abb. 157), es folgen die Aufnahmen

Auszug aus dem Terminkalender von Lale Andersen

12. – 29. 05. 1965	Zusammenstellung und Proben für LP Zwölf Länder – zwölf Lieder
05. 06. 1965	Proben in Hamburg
06. 06. 1965	NDR-Hafenkonzert, Hamburg
12. 06. 1965	Gast der »Schlagerfestspiele« in Baden-Baden
15. – 21. 06. 1965	Aufzeichnung der »Hamburg-Melodie« in Berlin
23. 06. 1965	Live-Sendung aus Juist, Radio Bremen
24. + 25. 06. 1965	Proben beim Bayerischen Rundfunk in München
26. 06. 1965	Live-Sendung von der »IVA« in München
30. 06. 1965	NDR-Live-Sendung aus Langeoog
03. – 14. 07. 1965	Ariola-LP-Produktion in München
17. + 18. 07. 1965	Gala im »Tanzbrunnen« in Köln
31. 07. 1965	»Schaufenster Deutschland«, Live-Sendung aus Westerland auf Sylt
02. 08. 1965	Chanson-Abend in Wangerooge
06. 08. 1965	Chanson-Abend in Helgoland
07. + 08. 08. 1965	Chanson-Abend in Norderney
11. 08. 1965	Chanson-Abend in Norderney
13. + 14. 08. 1965	Chanson-Abend in Lüneburg
20. 08. 1965	Chanson-Abend in Langeoog
21. 08. 1965	Chanson-Abend in Norderney
22. 08. 1965	Chanson-Abend in Norderney
25. – 29. 08. 1965	Proben für »Studio B« und »Cabaret durchs Bullauge« in Hamburg
30. 08. 1965	Live-Sendung von der Funk- und Phonoausstellung in Stuttgart
02. 09. 1965	Chanson-Abend in Emden
03. 09. 1965	Chanson-Abend in Leer
04. 09. 1965	NDR-Live-Sendung aus Wiesmoor
06. – 10. 09. 1965	Schwabinger Woche in München
12. 09. 1965	Ab Cuxhafen mit der »Hanseatic« nach New York
21. – 24. 09. 1965	TV in New York
25. 09. 1965	Gala in »Opera-House« in Chicago
26. 09. 1965	Gala in »Town-Hall« in Milwaukee
02. 10. 1965	Gala in Toronto
10. 10. 1965	Gala in »Orchester-Hall« in Detroit

Anschließend TV-Gastspiele bis ca. Ende Nov. 1965.

für die LP *Zwölf Länder – Zwölf Lieder* und für diverse Fernsehsendungen. Sie geht auf »Bädertournee«, so nennt sie ihre Auftritte auf den ostfriesischen Inseln, dann ins Studio B nach Hamburg und anschließend reist sie mit der »Hanseatic« von Cuxhaven nach New York. Von dort aus nach Milwaukee, nach Toronto und wieder nach Detroit. Lale Andersen, so könnte man vermuten, will – bevor sie wirklich aufhört – noch einiges erledigen.

Wie soll der endgültige Abschied von der Bühne aussehen? Was war wichtig? Wo steht sie? Ernüchternd resümiert die Sängerin: Sie ist lediglich Mittelklasse.

Bei der Knef, ja bei der ist alles vom Teuersten. Das Kleid von Balmain, das beste Orchester Deutschlands, die Plakate und Programme vom begabtesten Grafiker und Fotografen. Sie selbst hat weder Beleuchter, Tontechniker noch eine Maskenbildnerin. Den Wagen chauffiert sie selbst. Eben alles Mittelklasse.

Bei der Knef oder bei der Piaf lebt die Umwelt für die Künstler. Die Andersen aber, die lebt für die Umwelt. So berichtet es die Tochter. War das Lales Schonungslosigkeit? Oder stimmt der Vergleichsmaßstab nicht?

Goodbye memories nennt Lale ihre Abschiedstournee. Sie beginnt 1966 und endet 1967 und führt durch alle Großstädte und viele kleine Städte, landauf, landab. In dem sechsseitigen, anschaulich bebilderten Programmheft zur letzten Tournee präsentiert die Sängerin die Stationen ihrer Karriere: von 1940 mit *Lili Marleen* über *Blaue Nacht am Hafen*, als Chansonsängerin, als Sängerin von *Ein Schiff wird kommen*, als Siegerin der Vorentscheidung zum *Grand Prix Eurovision de la Chanson*, mit Conny Francis auf der »United States« als beliebte Schlagersängerin, als Star von internationalen Format in dem Fernsehfilm *Porträt in Musik*. Das Programmheft enthält zudem ein »Kritisches Selbstporträt« und Pressestimmen. (Abb. 158–165)

Hans Rosenthal, Regisseur und überaus beliebter Showmaster (»*Gut gefragt ist halb gewonnen*«, »*Wer fragt, gewinnt*«, »*Allein gegen alle*« und später »*Dalli Dalli*«), seit

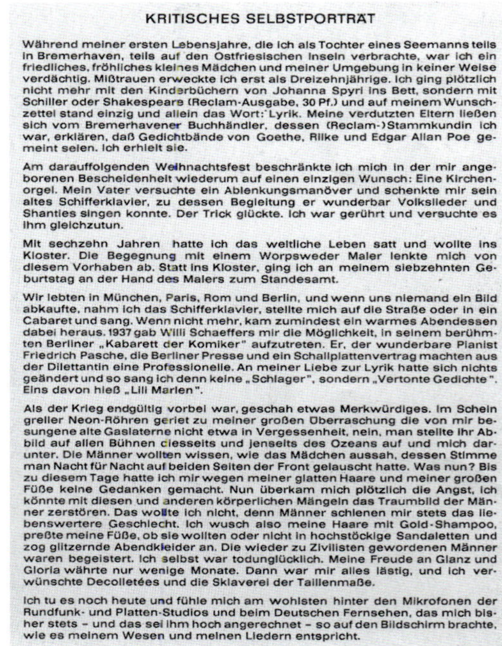

KRITISCHES SELBSTPORTRÄT

Während meiner ersten Lebensjahre, die ich als Tochter eines Seemanns teils in Bremerhaven, teils auf den Ostfriesischen Inseln verbrachte, war ich ein friedliches, fröhliches kleines Mädchen und meiner Umgebung in keiner Weise verdächtig. Mißtrauen erweckte ich erst als Dreizehnjährige. Ich ging plötzlich nicht mehr mit den Kinderbüchern von Johanna Spyri ins Bett, sondern mit Schiller oder Shakespeare (Reclam-Ausgabe, 30 Pf.) und auf meinem Wunschzettel stand einzig und allein das Wort: Lyrik. Meine verdutzten Eltern ließen sich vom Bremerhavener Buchhändler, dessen (Reclam-)Stammkundin ich war, erklären, daß Gedichtbände von Goethe, Rilke und Edgar Allan Poe gemeint seien. Ich erhielt sie.

Am darauffolgenden Weihnachtsfest beschränkte ich mich in der mir angeborenen Bescheidenheit wiederum auf einen einzigen Wunsch: Eine Kirchenorgel. Mein Vater versuchte ein Ablenkungsmanöver und schenkte mir sein altes Schifferklavier, zu dessen Begleitung er wunderbar Volkslieder und Shanties singen konnte. Der Trick glückte. Ich war gerührt und versuchte es ihm gleichzutun.

Mit sechzehn Jahren hatte ich das weltliche Leben satt und wollte ins Kloster. Die Begegnung mit einem Worpsweder Maler lenkte mich von diesem Vorhaben ab. Statt ins Kloster, ging ich an meinem siebzehnten Geburtstag an der Hand des Malers zum Standesamt.

Wir lebten in München, Paris, Rom und Berlin, und wenn uns niemand ein Bild abkaufte, nahm ich das Schifferklavier, stellte mich auf die Straße oder in ein Cabaret und sang. Wenn nicht mehr, kam zumindest ein warmes Abendessen dabei heraus. 1937 gab Willi Schaeffers mir die Möglichkeit, in seinem berühmten Berliner „Kabarett der Komiker" aufzutreten. Er, der wunderbare Pianist Friedrich Pasche, die Berliner Presse und ein Schallplattenvertrag machten aus der Dilettantin eine Professionelle. An meiner Liebe zur Lyrik hatte sich nichts geändert und so sang ich denn keine „Schlager", sondern „Vertonte Gedichte". Eins davon hieß „Lili Marlen".

Als der Krieg endgültig vorbei war, geschah etwas Merkwürdiges. Im Schein greller Neon-Röhren geriet zu meiner großen Überraschung die von mir besungene alte Gaslaterne nicht etwa in Vergessenheit, nein, man stellte ihr Abbild auf allen Bühnen diesseits und jenseits des Ozeans auf und mich darunter. Die Männer wollten wissen, wie das Mädchen aussah, dessen Stimme man Nacht für Nacht auf beiden Seiten der Front gelauscht hatte. Was nun? Bis zu diesem Tage hatte ich mir wegen meiner glatten Haare und meiner großen Füße keine Gedanken gemacht. Nun überkam mich plötzlich die Angst, ich könnte mit diesen und anderen körperlichen Mängeln das Traumbild der Männer zerstören. Das wollte ich nicht, denn Männer schienen mir stets das liebenswertere Geschlecht. Ich wusch also meine Haare mit Gold-Shampoo, preßte meine Füße, ob sie wollten oder nicht in hochstöckige Sandaletten und zog glitzernde Abendkleider an. Die wieder zu Zivilisten gewordenen Männer waren begeistert. Ich selbst war todunglücklich. Meine Freude an Glanz und Gloria währte nur wenige Monate. Dann war mir alles lästig, und ich verwünschte Decolletées und die Sklaverei der Taillenmaße.

Ich tu es noch heute und fühle mich am wohlsten hinter den Mikrofonen der Rundfunk- und Platten-Studios und beim Deutschen Fernsehen, das mich bisher stets – und das sei ihm hoch angerechnet – so auf den Bildschirm brachte, wie es meinem Wesen und meinen Liedern entspricht.

Oben und rechte Seite:
Abb. 159–165
Aus dem Programmheft zur Abschiedstournee.

Abb. 158
Plakat zur Abschiedstournee.

1940

Millionen Menschen diesseits und jenseits der Grenzen lauschen Nacht für Nacht einer sehnsüchtigen jungen Stimme, die durch den Aether klingt und mit dem Lied „Lili Marlen" über Grenzen und Stacheldraht hinweg Trost und Hoffnung in die dunklen Kriegsnächte trägt. Es ist die Stimme Lale Andersens.

1949

„Blaue Nacht am Hafen" heißt das Lied, das von Lale Andersen unnachahmlich interpretiert wird und sie erneut an die Spitze der Schallplattensänger stellt.

1959

Die ganz persönliche Interpretation von „Ein Schiff wird kommen" begeistert Schallplattenfreunde im In- und Ausland. Zu Lale's alten Verehrern gesellt sich die europäische und amerikanische Jugend, die die Andersen stürmisch feiert, wo immer sie diesseits und jenseits des Ozeans singt.

1961

Bei der deutschen Vorentscheidung für den Grand Prix Eurovision de la Chanson wird Lale Siegerin. Millionen Fernseh-Zuschauer erleben eine strahlende, blumen-überschüttete Sängerin, die den Ersten Preis entgegennimmt und Deutschland mit dem Lied „Einmal sehen wir uns wieder" bei der Eurovisions-Übertragung aus Cannes vertritt.

1961

An Bord der „United States" wird Lale Andersen neben dem amerikanischen Spitzenstar Connie Francis als der zweitbeliebtesten deutschen Schallplattensängerin der „Silberne Löwe" von Radio Luxembourg überreicht.

Schallplatten-Anhängern Lale Andersens seien folgende Platten besonders empfohlen:

„Electrola"
L. P. Lale Andersen: Mein Leben, meine Lieder.
L. P. Lale Andersen singt plattdeutsche Volkslieder
L. P. Lale Andersen: Lili Marlen, My life and my songs.
(Engl. gesprochen und gesungen)
L. P. Lale Andersen, Portrait in Musik.
(Aus der gleichnamigen Fernseh-Show von Truck Branss)

„Ariola-Eurodisc"
E. P. Lale Andersen singt vier Chansons.
L. P. Lale Andersen: Zwölf Länder, zwölf Lieder (Erscheint 1965)

„Polydor"
L. P. Lale Andersen, Ihre großen Erfolge.

1964

In der Fernseh-Show „Portrait in Musik" unter der Regie des genialen jungen Regisseurs Truck Branss bewies Lale Andersen in unvergeßlichen am und auf dem Meer gedrehten Scenen und in Großaufnahmen ihres ausdrucksstarken Gesichts ihr internationales, künstlerisches Format. Diese Fernseh-Show wurde in sechs Länder verkauft.

1962 Abteilungsleiter für Unterhaltung beim Sender RIAS Berlin, beglückwünscht die Künstlerin zu ihrem gelungenen Auftritt in der Berliner Philharmonie. (Abb. 166)

Auch die Presse zur Farewell-Tournee berichtet von »gewaltigem Erfolg«, immer wieder wird Lales ungezwungene, charmante Art betont und herausgestellt, dass sie es

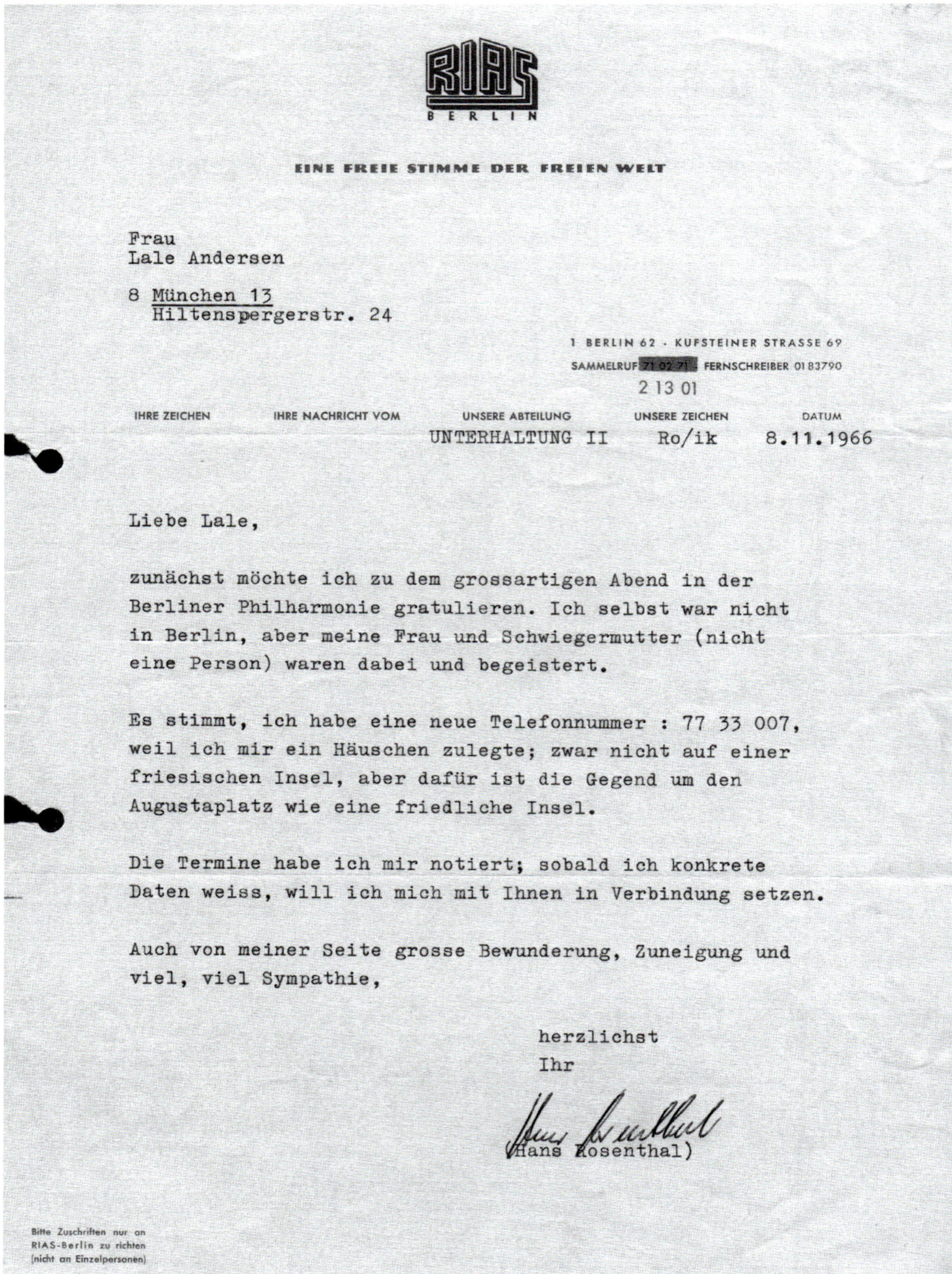

RIAS
BERLIN

EINE FREIE STIMME DER FREIEN WELT

Frau
Lale Andersen

8 München 13
Hiltenspergerstr. 24

1 BERLIN 62 · KUFSTEINER STRASSE 69
SAMMELRUF [redacted] · FERNSCHREIBER 0183790
2 13 01

IHRE ZEICHEN	IHRE NACHRICHT VOM	UNSERE ABTEILUNG	UNSERE ZEICHEN	DATUM
		UNTERHALTUNG II	Ro/ik	8.11.1966

Liebe Lale,

zunächst möchte ich zu dem grossartigen Abend in der Berliner Philharmonie gratulieren. Ich selbst war nicht in Berlin, aber meine Frau und Schwiegermutter (nicht eine Person) waren dabei und begeistert.

Es stimmt, ich habe eine neue Telefonnummer : 77 33 007, weil ich mir ein Häuschen zulegte; zwar nicht auf einer friesischen Insel, aber dafür ist die Gegend um den Augustaplatz wie eine friedliche Insel.

Die Termine habe ich mir notiert; sobald ich konkrete Daten weiss, will ich mich mit Ihnen in Verbindung setzen.

Auch von meiner Seite grosse Bewunderung, Zuneigung und viel, viel Sympathie,

herzlichst
Ihr

(Hans Rosenthal)

Bitte Zuschriften nur an RIAS-Berlin zu richten (nicht an Einzelpersonen)

Abb. 166
Brief von Hans Rosenthal.

versteht, eine herzliche Atmosphäre herzustellen, auch durch ihre humorvollen, gekonnten Plaudereien. Man zollt ihr durchaus Respekt für die Entscheidung, beizeiten von der Bühne abzutreten. Das wird als Zurückhaltung gewertet, die man liebenswürdig findet. (Abb. 168)

Abb. 167
Bericht aus der Zeitschrift *7 Tage* vom Mai 1966.

Lale Andersen stürmisch gefeiert

Auch Bundespräsident Dr. Lübke mit Gattin unter den Besuchern im Großen Saal des Regentenbaues

Das Gastspiel von Lale Andersen im Großen Saal des Regentenbaues wurde durch den Besuch des Bundespräsidenten Dr. Lübke mit Gattin ausgezeichnet, und das volle Parkett begrüßte den hohen Besuch beim Betreten der Loge mit stürmischem Beifall.

In der Pause ihres Abends wurde Lale Andersen in die Loge des Bundespräsidenten gebeten, der mit seiner Gattin zu der Veranstaltung gekommen war. **Foto: Fuhrmann**

Die beliebte Künstlerin Lale Andersen wurde bei ihrem Auftreten mit gewaltigem Applaus empfangen. Wir erlebten in ihr einen Star ohne die üblichen Allüren, und durch ihre ungezwungene und charmante Art, sich zu geben und einen Einblick in ihr künstlerisches Werden zu bieten, war sofort eine herzliche Atmosphäre hergestellt. Ihre oft humoristischen Plaudereien waren aber sehr gekonnt, auch eine geschickte Vorbereitung und Erläuterung der folgenden Nummern. Es gab dabei viel Schmunzeln und Lachen ob der witzigen Pointen.

„Good-bye Memories" („Lebt wohl, Erinnerungen") umfaßten kurz den Lebensweg Lales. Es ist wohl glaubhaft, daß sie keinen Tag dieses Lebens, sei er heiter oder ernst gewesen, missen möchte. Im weiteren Programm stellte sie Autoren und Komponisten ihrer verschiedenen Lieder vor, die damals, zu Beginn ihrer Karriere, oft auch noch unbekannte, aufstrebende Künstler waren. Muß man eigentlich über Lale Andersen noch viel sagen? Jeder kennt sie, die durch „Lili Marleen" im letzten Weltkrieg über den Soldatensender Belgrad sich in die Herzen aller gesungen hat, ja vom Rundfunk, Fernsehen und Schallplatten! Das Eindrucksvolle bei ihr ist eben das einfache, fast bescheiden zu nennende Auftreten und Sichgeben, mit dem sie immer wieder bei ihren Darbietungen die Herzen erobert. Immer wieder ist es auch eine leicht sentimentale Andeutung, die die Verbindung von Künstlerin zu Hörer erzwingt. Ihr Repertoire umfaßt Kompositionen der letzten dreißig Jahre, aber schließt auch die Folklore, nicht nur der Deutschen, sondern auch anderer Völker, ein, wie sie in englischen, französischen und russischen Liedern bewies. Daß in ihrem Programm ein umfangreiches Register für den Humor vorhanden ist, bewies sie u. a. mit der amerikanischen Parodie auf „Ein Schiff wird kommen", weise Ratschläge enthielt „Warum soll eine Frau ..." und die „Hamburg-Hessen-Story" bewies die Schwierigkeiten einer Mischehe zwischen Nord- und Süddeutschen.

Stärker konnte ein Beifall kaum mehr sein, als der für Lale Andersen, und so viele Blumen für eine Künstlerin gab es schon lange nicht mehr in Bad Kissingen. Auch der Bundespräsident widmete einen prächtigen Nelkenstrauß, nachdem er in der Pause mit seiner Gattin die Künstlerin in seine Loge gebeten hatte. Lale Andersens Aussage über dieses Gespräch mit Bundespräsident Lübke: „Soweit möglich, übertrifft der Bundespräsident an Charme noch „Konrad den Großen" (Adenauer), den ich vor zwei Jahren in Bonn kennen lernte und mit dem ich zwei Stunden ein Gespräch führte."

In Herbert Loher am Flügel hat die Künstlerin einen Meister in der Begleitung gefunden, der den feinsten Stimmungen der Sängerin sich anzupassen versteht. Mit Melodien von Leroy Anderson bewies H. Loher aber auch, daß er durchaus selbständig künstlerisch wirken könnte.

Abb. 168
Zeitungsartikel anlässlich des Treffens mit Ehepaar Lübke in der *Kissinger Saale-Zeitung* vom 7. September 1966.

Ihr Stimmbereich beschränke sich auf noch nicht einmal zwei Oktaven. Doch was holt diese Frau aus diesen Tönen hervor, so schwärmt ein Dr. Köppler in den *Badischen Nachrichten* vom 8. August 1966. Lale Andersen lehre das Zuhören, ihre Kunst sei die der vielversprechenden Stille und der Innerlichkeit. (Abb. 169)

Der Tagesspiegel spricht vom »Schwanengesang« und vertritt die Auffassung, dass der Andersen Abschiede am besten stehen: »Recht bedacht hat sich eigentlich alles, was sie je gesungen hat, wie ein Schwanengesang angehört.« Kess und frech findet man Lale nicht, eher sentimental, kühl, etwas schlicht, so gar nicht theatralisch.

Der Hinweis auf *Lili Marleen* und die Würdigung der Sängerin als »Chansonette der Zeitgeschichte« fehlen selbstverständlich nicht. Aber warum hört sie schon auf? Sie ist doch noch keine 50, lesen wir. Wahrscheinlich kann sie all das Möwengekrächze ihrer Seemanns- und Hafenlieder nicht mehr ertragen. (Abb. 170)

Was dem Einen zu schlicht, ist dem Nächsten zu viel Geglitzer. *Der Abend* berichtet ebenso wie *Der Tagesspiegel* über das Konzert in der Philharmonie. Der Ton ist leicht herablassend. Die Andersen sei eben immer auf Meer und Wind abonniert gewesen, und Shanties und Plattdeutsches liebe das Publikum nach wie vor. Französisch kann sie wohl gar nicht. Lediglich ein wenig Gänsehaut, die *Lili Marleen* nach wie vor hervorbringt, findet Gnade. (Abb. 171)

Lale Andersen hatte für ihre letzte Tournee einen Querschnitt ihrer Lieder aus dreißig Jahren dramaturgisch klug zusammengestellt. Songs aus ihren Anfangsjahren wie *Berlin ist doch nicht Pinne* – verbunden mit einem Dank an ihren Entdecker Willy Schaeffers –, Folklore, Hafen- und Seemannslieder – ihre großen Erfolge –, und natürlich die Laterne.

Jetzt tritt sie ab und sie wirkt nicht traurig, sondern eher so, als hätte sie etwas Besseres vor, schreibt Elvira Reitze in *Der Abend*. Hat sie auch. Sie will noch schreiben und Fernsehen machen.

Die Tournee war sehr anstrengend, die Theater wurden immer leerer. Sie fühlt sich um Jahre gealtert. Lale Andersen versucht, etwas kürzer zu treten, auch mal das Nichtstun zu genießen. Aber das ist nicht ihre Stärke. So beschließt sie, sich mit einem Wohnungswechsel innerhalb Münchens ein schöneres Zuhause in ausgesuchter Lage einzurichten. 1967 zieht sie von Schwabing ins Nobelviertel Bogenhausen. Ihre Eigentumswohnung mit Garten liegt in der Schönbergstraße 20. Dieses Refugium hat sie rechtzeitig erworben. Ein Jahr nach dem Umzug erkrankt die Sängerin.

In einem Brief an ihre Tochter Carmen-Litta ist von Leberentzündung und Entzündung der Gallenwege die Rede. Die Jahre ihrer schweren Krankheit, damit verbunden strengste Diäten sowie zahlreiche Klinik- und Kuraufenthalte, haben begonnen.

Wenn die Gesundheit der Künstlerin es zulässt, arbeitet sie. Zur Ruhe kann sie nicht kommen. So hat sie nie gelebt, darauf kann sie sich nicht einstellen.

Rechte Seite:
Rezensionen zur Abschiedstournee.
links oben Abb. 169
Badische Nachrichten vom 8. August 1966.
links unten Abb. 170
Der Tagesspiegel vom 24. Oktober 1966.
rechts Abb. 171
Der Abend vom 25. Oktober 1966.

Wer nimmt sie zum Vorbild?

Lale Andersen ging — nur die Wehmut blieb

Abschiedstournee der großen Künstlerin ohne Epigonen führte auch in den Runden Saal des Kurhauses

**Die reife Chansonkunst ist selten geworden. Die stille Poesie der Volkslieder scheint
schüttet. Die hektische Baustärke eines unausgegorenen, neuen Weins überflutet unsere C
Wir haben das Zuhören verlernt. Lale Andersen weckte das Ohr wieder für jene, di
Montagabend in den Runden Saal gekommen waren. Sie löste die Klangstarre, die sich
die Ohren so vieler gelegt hatte, die nur noch Geschrei oder Gekrächze vernehmen und für
Töne unempfindlich geworden waren.**

Diese Friesin mit dem scheuen Herzen trug , stärk… …ischen Darstellerin
ihre Art in die Welt. Sie war so stark…
Welt sie annahm. Sie …
siert …

…bereich beschränk
…ei Oktaven. Abe
im Pianissimo he
…n und Wendunge
…ß der Situation
…t sie stets sie s
Vortrag ihrer L
die Umdichtun
…ons von Ben
…n Verhältnis h
…u keinen Fern
…ische-deftige,
mit dem R
…ank an Schäf
…ritiker wie ih
… echt wie die ganze Pe
…keit im Rollkragen und weißem Le
rock, oder auch, wie im zweiten Teil, mit
Flitter des Abendjäckchens und dem Ro
Babyrosa, der zu den „unernsten“ Lieder
nau als Folie paßte.

Daß „Lili-Marlen“ kommen mußte un
„Blaue Nacht im Hafen“ und andere Sha
verstand sich von selbst. Das Publikum for
immer und immer wieder Zugaben. Es lie
nach jedem Lied Blumengrüße auf die B
reichen, die zuletzt gar nicht mehr auf
Flügel, an dem Herbert Loher zweimal
amerikanische Melodien von Leroy And
spielte, Platz fanden. Das Zapfenstreich-S
erklang noch einmal. Sie stand vor dem g
Tor, eine große Künstlerin, die ihre Persö
keit, gewachsen auf echtem, naturverbund
Heimatgefühl, dort einsetzte, wo die m
sie verlieren: auf der Bühne.

Lale Andersens Abschied, der unter
Motto ihres letzten Zugabeliedes stand „G
wenn es noch schön, soll man gehn“
nimmt die Wehmut mit, die sie Millionen
versüßte. Auch dem Rezensent dieses A
der sie von ihren Anfängen bis heute g
hat und wünscht, daß ihre Kunst der vie
chenden Stille und Innerlichkeit wenigsten
der heutigen Debutanten am Mikrophon
zum Vorbild nehmen möchte. Dr. R. Kö

Ein Schwanengesang

Lale Andersens Abschiedsabend in der Philharmonie

Den Schwanengesang ihrer Abschiedstournee begann Lale Andersen mit einem letzten Gastspiel in der Philharmonie. Abschiede stehen ihr wie maßgeschneidert; recht bedacht hat sich eigentlich alles, was sie je gesungen hat, wie ein Schwanengesang angehört.

Das „Image“ von Hafen, Salzwasser und Teergeruch hat ihr 1935 Willy Schaeffers verpaßt. Das Wort „Image“ gab es zwar noch nicht, dafür gab es das Wort „Kleinkunst“, das heute, ganz wie die Kleinkunst selbst, fast vergessen scheint. Zwischen Kabarett und Schnulze, Chanson und Sketch gelagert, w…
die Kleinkunstbühne Berliner Prägung …
Ausgangsort für die blonde Bremerhavener…
Eine Kesse, eine Freche war sie nie, eher sch…
eine Sentimentale. Ihre metallen dunk…
Stimme, die so angenehm gänsehäutig …
Vokale — hauptsächlich in „Meeer“ u…
„Haaafen“ — durch alle Oktaven zu zieh…
weiß, was oft in einem friesisch kühlen Anfl…
von Belcanto endet, sang von Seemannsbrä…
ten und Abschieden auf der Mole. Imm…
scheint Möwengekrächz im Hintergrund.

Eine Chansonette der Zeitgeschichte wur…
sie freilich im Drehen der späten Nebel …
einem Soldatenlied — „Lili Marleen“, v…
Freund und Feind gleich geliebt, den Erfo…
hat sie nie wieder eingeholt.

Ihren Abschied zelebrierte sie wie imm…
(und eigentlich ganz gegen besagtes „Image“…
— als Dame. Von den Chansons, Schlager…
Volksliedern kommt eigentlich erstaunli…
wenig über die Rampe, viel weniger als v…
der Schallplatte kommt. Sie ist so gar ni…
theatralisch, eher schlicht. Das Publikum spe…
det herzlichen Applaus, aber man kommt si…
nicht eigentlich nahe. Man hält Abstand vo…
einander, alles bleibt kühl norddeutsch, …
wohl das Platt der Lale Andersen sich wie i…
Englisch anhört, als wäre es von einer Berlin…
rin eingelernt. Keine eben glanzvolle Ersch…
nung, die da Abschied nimmt, wohl aber ei…
ungemein sympathische.

Warum so früh? Sie wird noch keine fünfz…
sein. Vielleicht hängt ihr all das Möwe…
gekrächz, das sie automatisch um sich ver…
tet, zum Halse heraus. Verstehen k…
man's.

Es begleitete sie übrigens einer der …
vollsten europäischen Pianisten unserer …
der Rumäne Eugen Cicero, dessen elegan…
jazzte Klassik etwas hat, was Musike…
niemals haben und Sängerinnen wie Lal…
dersen gleich gar nicht haben dürfen: …
kelnden Witz.

…ung mit
…hen), das
…gramme,
30 Jah-
…ne Zau-
Charme
rauscht
blitzen
…mental
…enannt
…tel die-
…ge auf
…merika

Assi-
…lteten
…deut-
…“, das
rus-
…r ins
…nde-
…wer-
was
…nst-
…do-
an
die

ABSCHIED VON LILI MARLEN

Meer und Wind: Lale Andersen in der Philharmon…

*Wer im Krieg Lale Andersen sagte, meinte „Lili Marlen“. Dieses L…
das jeden Abend im Soldatensender Belgrad gespielt wurde, beglei…
damals das endlose Abschiednehmen und untermalte die spärliche H…
nung. Es wurde bei den Alliierten genauso populär wie in Deut…
land. Es brachte seiner Interpretin dauerhaften Glanz, auf dessen …
polieren sie jedoch fernerhin verzichtet: Gestern verabschiedete …
Lale Andersen in der Philharmonie vom Berliner Publikum. Wenn …
Tournee im April zu Ende ist, will sie sich ganz zurückziehen.*

VIEL GEGLITZER: ***Lale Andersen… großer Gala gestern auf ihrem …schiedsabend in der Philharmonie.***

„Goodbye Memories“ heißt ihre Show, aber Lale wirkt gar nicht traurig, eher so, als ob sie bald Besseres vor hätte. Sie tritt lächelnd auf im langen Kleid — schwarzes Oberteil, weißer Rock — und legt los.

„Berlin ist doch nicht Pinne“ singt sie, das war ihr Start bei Schaeffers damals, und sie steckt die Hände in die Taschen, als wären's Seemannsbuxen und nicht der feine Modellrock.

Sie breitet die Arme aus zu konventioneller Geste, selbstbewußt in sich ruhend, beileibe keine Dompteuse, auch kein Hätschelkind, das seinen zärtlichen Tribut will. Die Leute wollen sie eben immer nochmal sehen. Sie hat halt ihr Programm, sorgfältig austariert. Zwischendurch plaudert sie volkstümlich aus ihrem Künstlerleben.

▶ Sie war ja immer Meer und Wind und Waterkant vor allem, und so mag ihr Publikum von ihr auch am liebsten die plattdeutschen Sachen und die Shanties.

Vor der Pause kündigt sie eines der typischen Lale-Lieder an, mit „Sterne“ auf „Liebster, ach so gerne“. Erwartungsvolles „Aahh“ im Rund — blaue Nacht und Reise in die Vergangenheit.

Nachher hat sie was in Rosa an mit lila Geglitzer oben. Eugen Cicero, Chef der improvisierten Combo, zieht sich — befremdet — zurück. Lale singt dies und das für ihre Freunde.

Auf „Ein Schiff wird kommen“ macht sie sogar so etwas wie eine Parodie. Solchermaßen sexy hätte sie's in Amerika singen sollen, plaudert sie. Denn sie war auch auf Tournee in Amerika. Die „Lili Marlen“ wollte man sich drüben nicht entgehen lassen. Auch hier nicht, das ist klar. Man wartet schon. Französische Lieder wirken aus ihrem Munde ja tatsächlich etwas befremdlich. Man kann eben nicht alles haben.

**▶ Sie bringt ihr Lied, ihren absolut…
Bestseller, schließlich als Zugabe, und …
ist nun tatsächlich ein bißchen Gänseha…
da und andächtige Stille. So, wie si…
singt, mir nichts und dir nichts extra u…
ganz naiv herunter, hat es damals bis heu…
eingeschlagen bei denen, die es mite…
lebten.**

Das fördert den Schlußapplaus, au…
die weiteren Zugaben. Lale Anders…
schüttelt Hände.

Ihre alten Freunde, für die sie g…
sungen hat, machen ihr den Abschi…
leicht und schwer zugleich. Die and…
ren fühlen sich etwas verbiestert, sch…
beinahe angesteckt.

Ganz zum Schluß singt sie a…
Wunsch „Einmal sehen wir uns wi…
der“. Wir sollen es aber, mahnt si…
nicht ganz ernst nehmen.

ELVIRA REITZ

Haifischbar

21.45

FARBE

Über die Spendierfreudigkeit zweier Gäste in der „Haifischbar" wundert sich Bademeister Schütte. Er bedankt sich artig bei den beiden und wird dabei ungewollt in einen todsicheren Plan miteinbezogen. Es sind Otto und Günter, die das Unternehmen ausgeheckt haben, um einmal in der Woche aus ihrem Ehe-Alltag ausbrechen zu können. Aber Otto macht Fehler, und so erscheinen die mißtrauischen Ehefrauen in der Bar.

Oben: Otto Krüger (Otto Lüthje) bestellt bei dem Wirts-Ehepaar der Haifischbar (Ernst Grabbe und Hilde Sicks) einen Lütt und Lütt. Er hat einen guten Plan

Links: Stimmung in der Haifischbar. Ein Stammgast hat eine Runde „gestreut", und die schöne Blonde läßt sich „auf den Arm nehmen"

Links: Seemannslieder aus rauher Männerkehle singt Carl Bay. Sie geben den Rahmen zu Käpt'n Stintbarschs geradezu hanebüchenem Seemannsgarn

Rechts: Käpt'n Stintbarsch (Henry Vahl) hat Anker geworfen. Endlich hört ihm mal jemand richtig zu. Und Lale Andersen sorgt mit, um in der Hafenkneipe nach dem Sturm wieder Ruhe zu schaffen

Oben links und unten:
Abb. 172
Lale Andersen tritt am 4. September 1969 wieder in der »Haifischbar« auf, hier mit Henry Vahl.

Abb. 173
Der erste literarische Versuch der Sängerin erscheint 1969 im Schneekluth Verlag.

Zunächst schreibt sie an ihrem ersten literarischen Band, dem ironischen Ratgeber *Wie werde ich Haifisch*, der 1969 im Schneekluth Verlag erscheint. (Abb. 173) Lale Andersen erklärt allen, die Schlager singen, texten oder komponieren wollen, wie die Musikbranche funktioniert – in der Form einer Glosse. Ein harter Weg sei es, bis man »Haifisch«, sprich Star, wird. Ein Beruf, in dem Selbstbetrug ein Fremdwort, Star werden und vor allem auch bleiben hingegen härter ist als das Erklimmen der Eiger-Nordwand. Die Presse zeigt sich überrascht vom Witz der Autorin und bedauert, dass sie nur so wenig von sich selber spricht.

Zwischendurch hat sie immer mal wieder einen Auftritt. Zu ihren liebsten Folklore-Liedern gehört jetzt *Över de stillen Straten*. Sie wünscht sich, dass dieses Lied an ihrem Grab gesungen wird und lässt das sogar testamentarisch festlegen.

Über ihren Gesundheitszustand macht sie sich anscheinend keine Illusionen, Selbstbetrug kommt auch hier nicht in Betracht. Doch Freunde und Familie erfahren von ihrer Krankheit zunächst einmal nichts.

Als Truck Branss 1969 wieder mit Lale auf Langeoog dreht, ist die Krankheit nur noch schwer zu vertuschen. Sie muss stark geschminkt werden, damit die gelbe Gesichtsfarbe nicht durchscheint. Die Aufnahmen erlebt sie mit nur halber Kraft und Intensität. Aber immer noch besser als sich den ganzen Tag mit Krankheit beschäftigen. Das kann sie nicht aushalten. Sie flüchtet lieber in die Arbeit oder unternimmt eine Kreuzfahrt im Mittelmeer, deren Kosten sie auch dieses Mal mit ihren Auftritten begleicht. Zum Geburtstag ihres ersten Mannes, Paul Ernst Wilke, fährt sie natürlich auch wieder. Der Maler, der jetzt mit seiner dritten Frau in Worpswede lebt, hat an den Festtagen immer gerne alle seine Frauen um sich.

Einen Auftritt in der beliebten Fernsehsendung »Haifischbar« nimmt Lale ebenfalls wahr. (Abb. 172) Ihre Krankheit fällt nicht auf, da die Kameras dezent auf Abstand bleiben. Die Andersen in Nahaufnahme, das würde ihr schaurig-schlimmes Aussehen, so ihr Urteil, offenbaren. Das ist bitter. Trotzdem – oder gerade deshalb – reist sie zu einem Auftritt nach Stockholm.

Ende 1969 trägt sie sich mit dem Gedanken, einen autobiografischen Roman zu schreiben. Der Untertitel von *Der Himmel hat viele Farben* lautet »Leben mit einem Lied«. Mit dem Schreiben verbringt sie ihre letzten Lebensjahre, die nur von gelegentlichen Fernsehauftritten oder einer Benefizgala unterbrochen werden. (Abb. 174 – 178)

Ein besonderes Ereignis hält das Jahr 1970 für sie bereit: Rolf Liebermann wird 60 Jahre alt und Lale wird von der Hamburger Staatsoper gebeten, einen Beitrag über Liebermann für die Festschrift zu verfassen. Natürlich sagt sie zu und lässt noch einmal die gemeinsame Zeit in Zürich Revue passieren, seine ersten Kompositionen für sie, ihre Gedichtlesungen für ihn, um den zwischen Jura- und Musikstudium Schwankenden zu überzeugen, dass er Künstler werden müsse.

Abb. 174
In der Sendung »Wer zählt die Platten – nennt die Namen« neben Carl Bay, Bully Buhlan und Willy Hagara.

Abb. 175
Willy und Ruth Brandt, Lale Andersen, Zarah Leander und ihr Mann. November 1970. Das Bild entstand bei einem Empfang nach der Benefiz-Gala zugunsten hungernder Kinder im Nahen Osten, Bonn, Beethoven-Halle.

Abb. 176
Da sind sie alle noch einmal beisammen, die an *Lili Marleen* beteiligt waren. Von links: Hans Karleina, SFB-Redakteur, Norbert Schultze jr., der Sohn des Komponisten, die Ehefrau des Textdichters Hans Leip, Norbert Schultze sen., Lale Andersen und Hans Leip. *Stuttgarter Zeitung*, 2. Juni 1971.

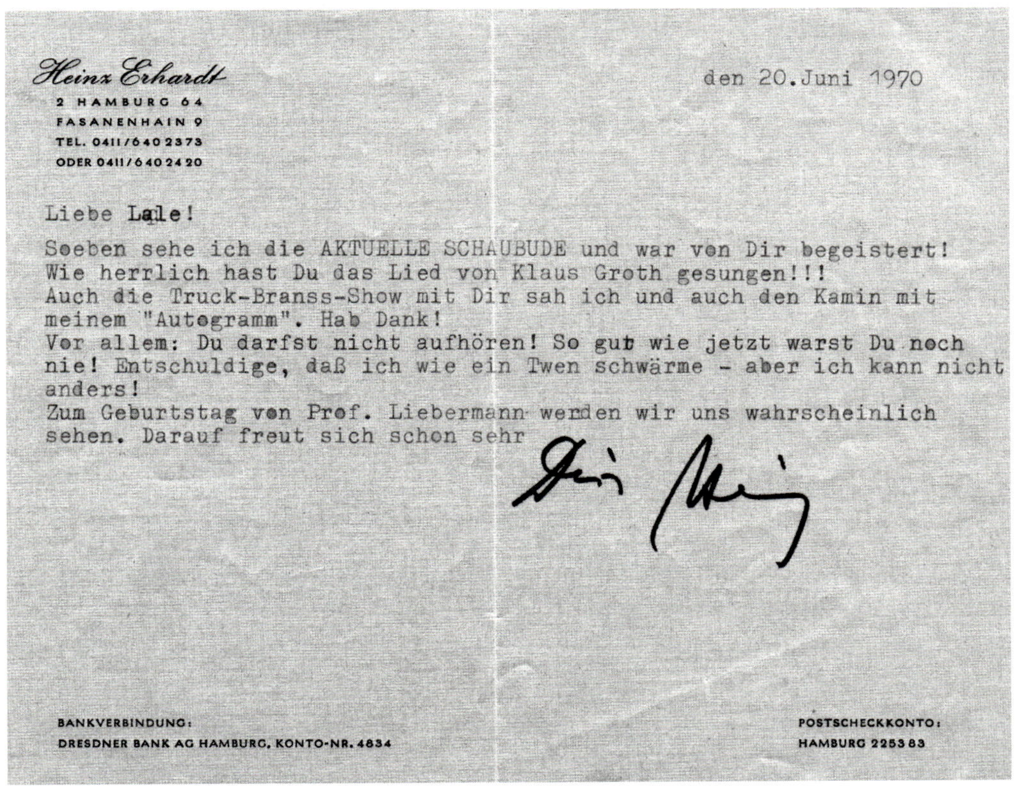

Heinz Erhardt
2 HAMBURG 64
FASANENHAIN 9
TEL. 0411/640 2373
ODER 0411/640 24 20

den 20.Juni 1970

Liebe Lale!

Soeben sehe ich die AKTUELLE SCHAUBUDE und war von Dir begeistert! Wie herrlich hast Du das Lied von Klaus Groth gesungen!!!
Auch die Truck-Branss-Show mit Dir sah ich und auch den Kamin mit meinem "Autogramm". Hab Dank!
Vor allem: Du darfst nicht aufhören! So gut wie jetzt warst Du noch nie! Entschuldige, daß ich wie ein Twen schwärme – aber ich kann nicht anders!
Zum Geburtstag von Prof. Liebermann werden wir uns wahrscheinlich sehen. Darauf freut sich schon sehr

BANKVERBINDUNG:
DRESDNER BANK AG HAMBURG, KONTO-NR. 4834

POSTSCHECKKONTO:
HAMBURG 2253 83

Abb. 177
Brief von Heinz Erhardt.

Abb. 178
Lale Andersen singt in »Erkennen Sie die Melodie« Songs aus der *Dreigroschenoper*, aus: *Neue Revue*, 11. Dezember 1970.

An der lauten, fröhlichen und ausgelassenen Geburtstagsfeier nimmt Lale teil – auch wenn ihr dieser Auftritt sehr schwer fällt.

Lale Andersen müsste sich schonen. Aber wie man das macht, das hat sie nicht gelernt. Sich nicht unterkriegen lassen, zu kämpfen, das hat sie gelernt. Die schwere Krankheit, die sie schon mehrfach mit Blaulicht in die Klinik gebracht hat, wird so weit wie möglich ignoriert. Das Schreiben ist anstrengend. Leichter und angenehmer wäre es für sie, den Applaus, die Gagen und die Popularität zu genießen. Doch das Buch soll noch fertig werden.

Auch bei diesem Vorhaben bleibt sie selbstkritisch: Wäre sie Malerin, würde sie zu den »Naiven« zählen, so gibt Carmen-Litta die Einschätzung der Autorin wieder.

Trotz erfolgloser Kur in Cademario, Krankenhausaufenthalten in Bremen und Kempfenhausen sowie einer Operation im November 1971, in deren Folge sie grausame Schmerzwochen erleidet, wird das Buch fertig. Sie hat durchgehalten.

Mit der Deutschen Verlags-Anstalt in Stuttgart wird sie im März 1972 einig. Im August soll das Buch erscheinen und die Premiere in ihrer Heimatstadt Bremerhaven am 11. August auf dem hölzernen Großsegler, der Bark »Seute Deern« stattfinden. (Abb.

Abb. 179
Buchpremiere in Bremerhaven auf der Bark »Seute Deern«. Lale Andersen präsentiert am 11. August 1972 *Der Himmel hat viele Farben*.

179) Danach ist eine Lesereise durch die gesamte Bundesrepublik und nach Österreich geplant. Höhepunkt und vorläufiger Schlusspunkt: Die Frankfurter Buchmesse. Ein letztes Mal Ahoi?

Doch bis zur Buchmesse reicht ihre Kraft nicht mehr. Lale Andersen stirbt am 29. August 1972 in Wien. In Wien-Simmering findet am 1. September die Feuerbestattung statt. Die Urne wird nach Langeoog überführt mit der »Lili Marleen«, dem Schiff, das Lale Andersen noch im Mai des Jahres getauft hatte.

Auf dem Dünenfriedhof in Langeoog, der an ihren »Sonnenhof« grenzt, so ihr letzter Wille, wird die Künstlerin am 29. September zu Grabe getragen. (Abb. 180, 181) Der Bremerhavener Pastor Dr. Dr. Peter Gerlitz stellt seine Grabpredigt unter ein Wort aus dem Qumran zu der Frage: »Was ist der Mensch?«

Am Grab gesungen wird:

Över de stillen Straten
Geiht klaar de Klockenslag.
Good Nacht! Dien Hart will slapen,
Un morgen is ok een Dag.

Dien Kind liggt in de Weegen
Un ik bün ok bi di.
Dien Sorgen un dien Leven
Is allens üm un bi.

Noch eenmal laat uns spreken:
Gooden Abend, goode Nacht!
De Maand schient op de Däken,
Uns Herrgott höllt de Wacht

Worte des Dichters Theodor Storm, vertont von Ernst Licht, als letzter Abschiedsgruß an eine Sängerin, deren Stimme unvergesslich bleibt.

Abb. 180
Dünenfriedhof Langeoog. Die Beisetzung findet am 29. September 1972 statt.

Abb. 181
Die Grabstätte von Lale Andersen.

Abb. 182
»Wenn Du heimkommst«, Text: Nicola Wilke (d.i. Lale Andersen), Musik: Charles Nowa. Letzte Seite der Partitur.

Ausgewählte Literatur

Andersen, Lale: Der Himmel hat viele Farben. Leben mit einem Lied. Stuttgart 1972.

Bardong, Matthias/Demmler, Hermann/Pfarr, Christian: Lexikon des deutschen Schlagers. Ludwigsburg 1992.

Begley, Louis: Lügen in Zeiten des Krieges. 6. Aufl. Frankfurt a. M. 1995.

Beul, Artur: Nach Regen scheint Sonne. Edition Swiss Music. Winterthur 1994.

Bickelmann, Hartmut: Zwischen Gewerbeansiedlung und Wohnungsbau. Die südliche Hafenstraße und ihr Einzugsbereich bis zum Ersten Weltkrieg, in: Bremerhavener Beiträge zur Stadtgeschichte II. Hrsg. Hartmut Bickelmann. Veröffentlichungen des Stadtarchivs Bremerhaven, Band 11. Bremerhaven 1996.

Budzinski, Klaus: Das Kabarett. 100 Jahre literarische Zeitkritik – gesprochen – gesungen – gespielt. Düsseldorf 1985.

Jackson, Carlton: The Great Lili. Harrisburg 1979.

Körtge, Herbert: Die Straßennamen der Seestadt Bremerhaven. 3. Aufl. Bremerhaven 1992.

Ders.: Das Schulwesen in Alt-Bremerhaven. Bremerhaven 1999.

Leip, Hans: Das Tanzrad oder die Lust und Mühe eines Daseins. Frankfurt am Main und Berlin 1979.

Leifermann, Karl: Sing mal – Plattdüütsche Leeder. Bremerhaven 1984.

Magnus-Andersen, Litta: Lale Andersen – die Lili Marleen. Das Lebensbild einer Künstlerin. München 1981.

Peters, Christian: Lili Marleen – Die Geschichte eines Liedes. Katalog zur Sonderausstellung des Hauses der Geschichte Bonn. Bonn 2001.

Schwabe, Nora/Weber, Heinz: Paul Ernst Wilke. 1894–1971. Maler und Zeichner. Hrsg. Freundeskreis Paul Ernst Wilke e.V. Bremerhaven. Bremen 1997.

Quellen

Bundesarchiv Berlin, BA-RKK (ehemals BDC) 2600/0004/11
Lale Andersen Nachlass, Kulturamt der Stadt Bremerhaven
Lale Andersen Privatarchiv, Diether Löhr, Warstein
Lale Andersen Sammlung Bernd Lühring, Langeoog und Bremen
Sammlung des Freundeskreises Paul Ernst Wilke e. V., Bremerhaven
Stadtarchiv Bremerhaven, Bildarchiv, Straßenkartei Lehe, Akten: ZS The 2, 1849–1935
Stadtarchiv Zürich, V.E.c.100. Einwohner- und Fremdenkontrolle, Registerkarten 1893–1982; V.E.c.45. Akten der Fremdenpolizei 1916–1950

Bildnachweis

Bundesarchiv Berlin: Abb. 90
Dokumentation »Ein Jahr Soldatensender Belgrad«: Abb. 67, 68, 74, 75
Friedhelm von Estorff: Abb. 150
Johannes Fleck: Abb. 179
Haus der Geschichte der Bundesrepublik Deutschland: Abb. 81, 138
Georg Hillmann: Abb. 1
Hans J. Hoffmann: Abb. 149, 151–155
Lale Andersen Nachlass des Kulturamtes Bremerhaven: Abb. 23, 24, 27, 28, 30–33, 37, 38, 40–49, 51–66, 69–73, 78–80, 82, 83, 85–89, 91–110, 112–137, 144–148, 156–171, 173, 174, 176–178, 182
Lale Andersen Privatarchiv Diether Löhr: Abb. 26, 39, 50, 76, 84, 111, 139, 142, 143, 172, 175, 180
Carmen Litta-Magnus: Abb. 181
Sammlung des Freundeskreises Paul Ernst Wilke e, V. Bremerhaven: Abb. 11, 14–22, 25, 29, 34–36, 141
Sammlung Bernd Lühring, Langeoog und Bremen: Abb. 140
Stadtarchiv Bremerhaven: Abb. 3–10, 12, 13
Standesamt Bremerhaven: Abb. 2

Danksagung

Ich danke dem Oberbürgermeister der Stadt Bremerhaven, Jörg Schulz, und Magistratsdirektor a. D. Dietrich Kleine für die Unterstützung. Der Städtischen Sparkasse Bremerhaven, namentlich Claus Brüggemann und Ortrud Grundmann-Steffen, danke ich für die finanzielle Förderung meiner Forschungsarbeit.

Carmen-Litta Magnus danke ich für ihr wohlwollendes Einverständnis mit diesem Buch, für die Durchsicht des Manuskriptes sowie für ihre Hinweise.

Dem Maler Georg Hillmann danke ich für die Genehmigung des Abdrucks seines Porträts von Lale Andersen.

Für Informationen, für Foto- und Filmmaterial bedanke ich mich bei den Sammlern Diether Löhr, Warstein; Bernd Lühring, Langeoog, und dem Freundeskreis Paul Ernst Wilke e. V., Bremerhaven.

Des weiteren danke ich dem Stadtarchiv Bremerhaven, Dr. Hartmut Bickelmann und den Mitarbeitern Uwe Jürgensen und Daniela Deckwart; dem Stadtarchiv Zürich, Dr. Anna Pia Maissen; dem Haus der Geschichte in Bonn, Dr. Christian Peters; der Stadtbibliothek Bremerhaven; dem Staatsarchiv Bremen; dem Musikarchiv Bremen; der Deutschen Musikbibliothek Berlin; Claus Bredel, DeutschlandRadio Berlin; Dr. Bettina Hindemith, Hessischer Rundfunk, und Richard Weize, Firma bear family.

Meiner Freundin Karin Schulz, Wilhelmshaven, danke ich für stilistische Anregungen.

Für Hinweise und Ratschläge danke ich meiner Freundin Doris Gutermuth, Kassel; Guido Solarek, Langen; Thomas Adolf, Gerd Blancke, Dr. Manfred Ernst, Dr. Dr. Peter Gerlitz, Wilfried Moritz und Nora Schwabe; Bremerhaven.

Für die Unterstützung in der Planungsphase danke ich meinen Freundinnen: Dorothee Starke und Anne Havliza, Bremerhaven; Dr. Dorothee Lotz und Margarete Pauls, Bremen; Dr. Andrea Hahn, Otterndorf; Dr. Almut Starke-Dunker, Brake sowie Birgit Ramon, Bremen.

Besonderer Dank gilt meinen Kolleginnen im Kulturamt der Stadt Bremerhaven, meiner Stellvertreterin Heide von Hassel-Hüller sowie Anke Rose.

Mit einem Schreibtischstuhl haben mir Tilly und Karl-Heinz Börges, Haus für gesundes Sitzen und Liegen, Bremerhaven, den Arbeitstag erleichtert. Vielen Dank.

Für die Empathie danke ich meiner Freundin Doris Ansorge.

Ganz besonderer Dank gehört meinem Lektor Dr. Stefan Pegatzky.

Gisela Lehrke, Dr. phil. Studium der Germanistik und Politikwissenschaft in Göttingen. Promotion über Gedenkstätten für die Opfer des Nationalsozialismus. Seit 1990 Leiterin des Kulturamtes Bremerhaven. Sie verwaltet u. a. den Lale-Andersen-Nachlass.

Register